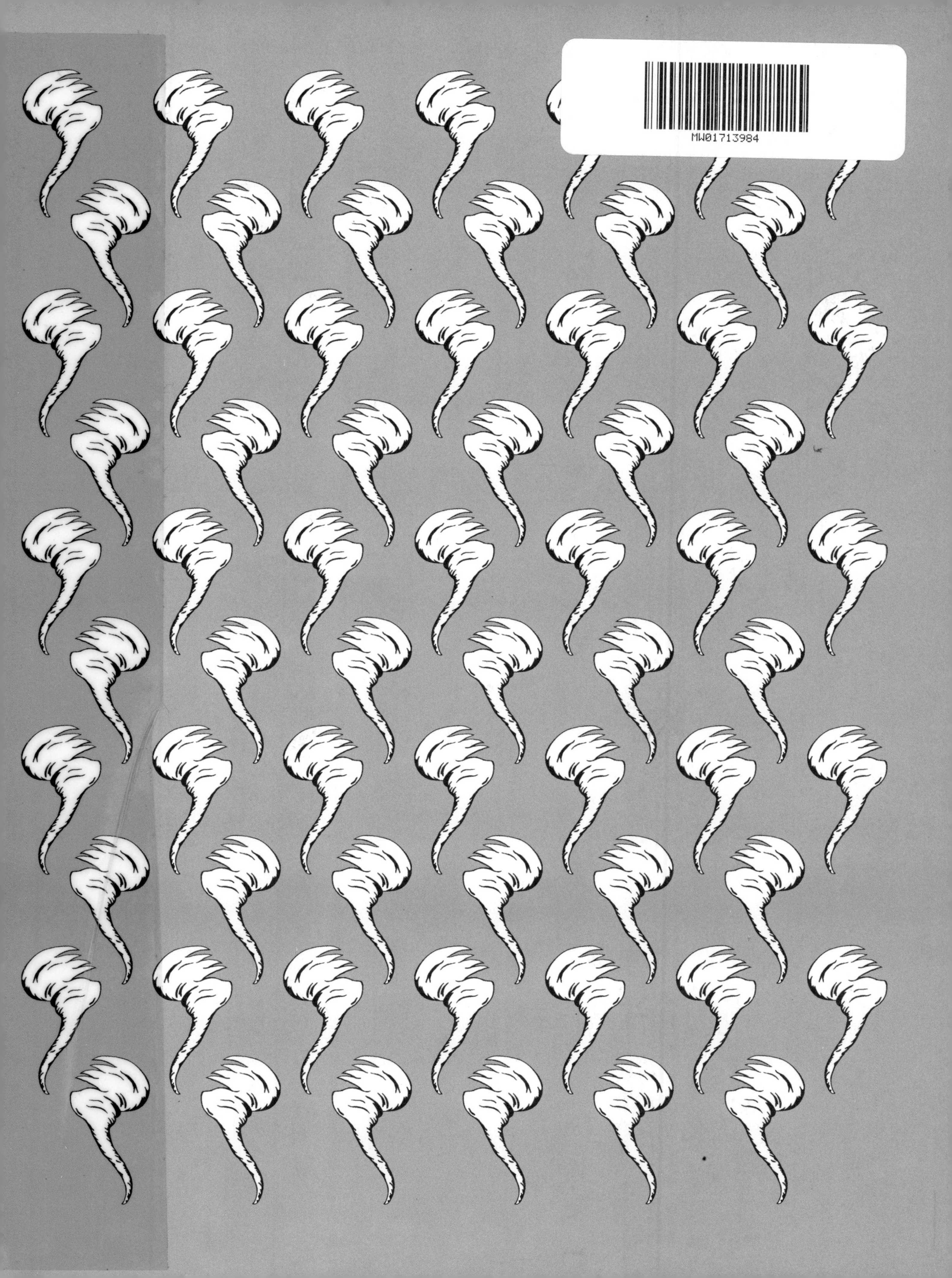

cyclones
et tornades

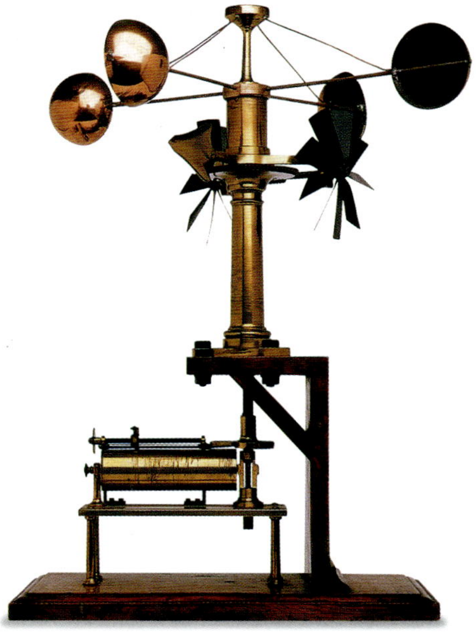

Abri contre les cyclones

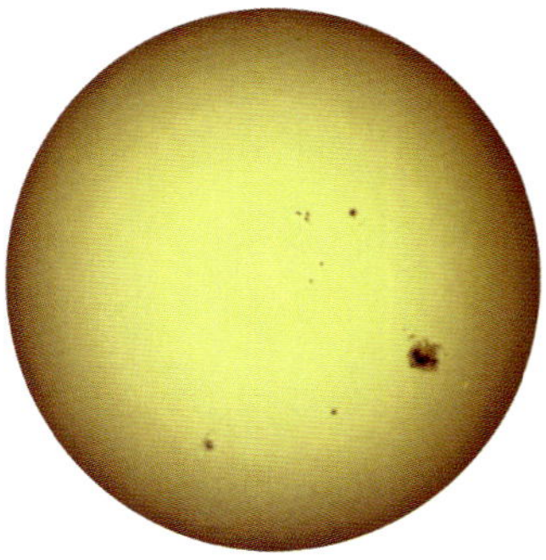
Taches sur le Soleil

Coucher de soleil sur Stonehenge, en Angleterre

Le thermoscope de Galilée, reproduction du XIXe siècle

Saturne et ses anneaux où soufflent des vents furieux

Phare de George Washington Bridge, à New York, Etats-Unis

Roches érodées par le vent dans l'Utah, aux Etats-Unis

Cristal de neige

cyclones et tornades

Cône de pin aux écailles ouvertes, indiquant un temps sec

par

Jack Challoner

Une trombe d'eau et un éclair saisis sur la même photographie

GALLIMARD

Dôme d'un radar à Doppler

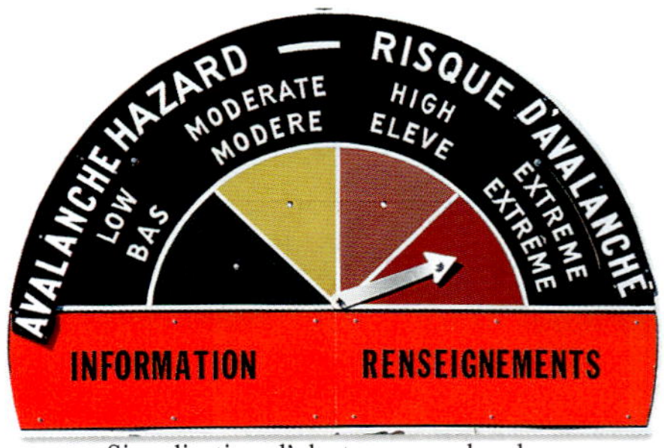

Signalisation d'alerte aux avalanches

Comité éditorial

Londres :
Sue Grabham, responsable éditoriale
et Julia Harris, responsable artistique

Paris :
Christine Baker
et Eric Pierrat

Pour l'édition anglaise :
Edition : Melanie Halton
Maquette : Ann Cannings
Conseiller : Lesley Newson
Fabrication : Kate Oliver
Iconographie : Mollie Gillard et Samantha Nunn
PAO : Andrew O'Brien et Georgia Bryer

Edition française
traduite et adaptée
par Bruno Porlier
Edition : Bruno Porlier
Conseiller : Hervé Regnaud,
professeur à l'université de Rennes
Préparation : Emmanuel de Saint-Martin
Correction : Lorène Bücher, Eliane Rizo
et Claire Passignat-Gleize
Index : Isabelle Haffen
Montage PAO : Bruno Porlier
Flashage : Arc-en-Ciel, Paris
Maquette de couverture : Raymond Stoffel
Photogravure de couverture : Mirascan

Un store vénitien vrillé par une tornade

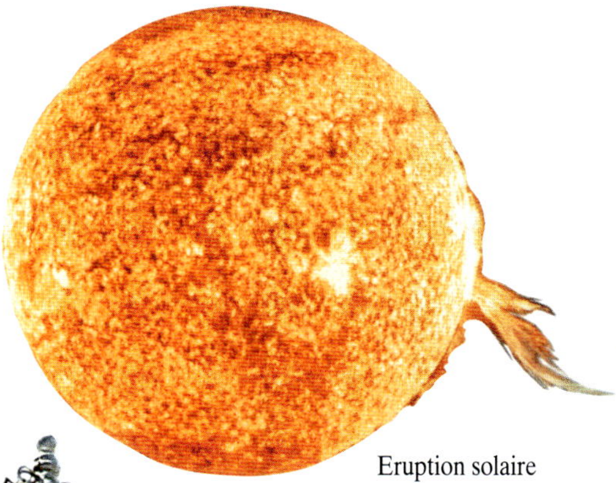

Eruption solaire

ISBN 2-07-054117-7
La conception de cette collection est le fruit
d'une collaboration entre les Editions Gallimard
et Dorling Kindersley

Loi n° 49-956 du 16 juillet 1949
sur les publications destinées à la jeunesse
Dépôt légal : mai 2000
N° d'édition : 93546

Photogravure : Colourscan, Singapour
Imprimé en Chine par Toppan Printing Co., (Shenzen) Ltd

Fanions d'alerte aux cyclones

Système orageux dans l'atmosphère terrestre, vu de l'espace

Thermomètre italien (1657)

SOMMAIRE

Des chandelles de glace en formation

LE FOLKLORE MÉTÉOROLOGIQUE

Jadis, l'homme n'avait que des notions très vagues sur ce qui gouvernait le temps. Il comprit que les nuages étaient composés d'eau, mais il ne parvenait à expliquer ni le vent ni le soleil. Beaucoup croyaient que le temps était l'œuvre des dieux, ce qui explique que les croyances météorologiques et religieuses sont souvent associées. D'autres tentaient des prévisions en se basant sur des observations simples des plantes, des animaux et du ciel. Leurs idées se transmirent d'une génération à l'autre sous la forme d'un savoir populaire, à travers des histoires et dictons parfois assez exacts. Mais ce n'est que par la compréhension des mécanismes climatiques qu'il devint possible de prédire le temps avec quelque précision. La météorologie a ses origines dans la Grèce antique, où les philosophes tentèrent d'élucider les causes scientifiques du temps. Ne pouvant vérifier leurs théories, ils se trompèrent toutefois souvent.

LA SCIENCE DE LA POMME DE PIN
Personne ne sait quand l'homme s'aperçut pour la première fois que les cônes de résineux ouvrent leurs écailles lorsque l'air est sec et les referment quand il fait humide. Toujours est-il que, l'air devenant plus humide avant une averse, on peut se servir de cette indication pour prévoir la pluie.

DANSE DE LA PLUIE
Cette tribu Yali de Nouvelle-Guinée est en train d'effectuer une danse pour invoquer la pluie. Sans cette dernière, il n'y aurait pas de récolte. Au cours du rituel, les danseurs portent de l'herbe, qui est censée crever l'œil du soleil pour lui faire pleurer des larmes de pluie.

Détail d'une fresque de Raphaël représentant Platon et Aristote (1511)

FABULEUX PENSEURS
Les philosophes Platon et Aristote furent parmi les premiers à tenter d'expliquer scientifiquement les mécanismes du temps. Ils vécurent en Grèce il y a quelque 2400 ans, et laissèrent des écrits sur les nuages, la grêle, les tempêtes, la neige, ainsi que sur des phénomènes plus rares comme les halos solaires. Leur influence fut grande et leurs idées ne devinrent caduques que près de 2000 ans plus tard.

ANIMAUX MÉTÉOROLOGUES
Beaucoup d'animaux réagissent aux changements de température, d'humidité ou de pression atmosphérique. Par exemple, juste avant l'orage, les coqs lancent souvent leur cri, et la grive draine chante. L'observation du comportement animal peut donc, dans une certaine mesure, être utile pour prévoir le temps à court terme.

LE CULTE DU SOLEIL

Depuis le début des temps historiques, nombre de cultures ont vénéré le soleil. Stonehenge, en Angleterre, est l'un des nombreux sites antiques que l'on pense avoir été dédiés au culte de l'astre du jour. Certains des monolithes sont alignés dans la direction où il se lève lors du solstice d'été (jour le plus long de l'année, durant lequel le soleil atteint son point le plus haut dans le ciel).

Stonehenge fut érigé entre 2500 et 1500 av. J.-C.

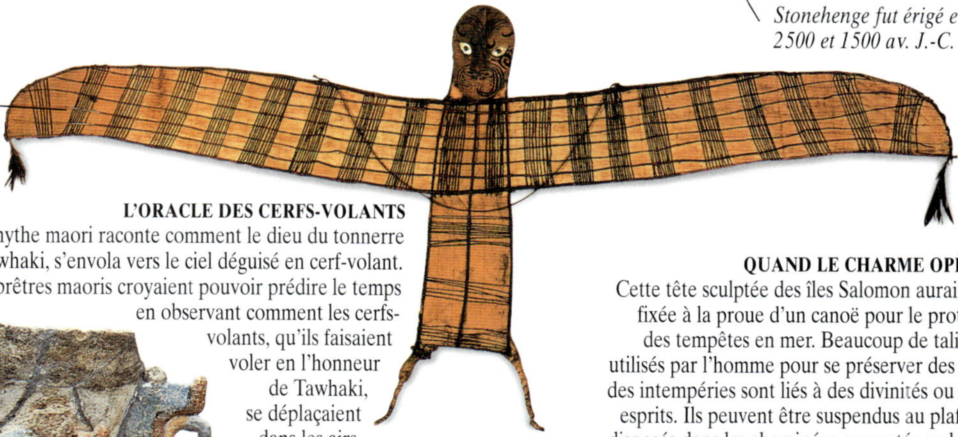

Cerf-volant maori constitué de toile et de fines baguettes

L'ORACLE DES CERFS-VOLANTS

Un ancien mythe maori raconte comment le dieu du tonnerre et des éclairs, Tawhaki, s'envola vers le ciel déguisé en cerf-volant. Les prêtres maoris croyaient pouvoir prédire le temps en observant comment les cerfs-volants, qu'ils faisaient voler en l'honneur de Tawhaki, se déplaçaient dans les airs.

QUAND LE CHARME OPÈRE

Cette tête sculptée des îles Salomon aurait été fixée à la proue d'un canoë pour le protéger des tempêtes en mer. Beaucoup de talismans utilisés par l'homme pour se préserver des effets des intempéries sont liés à des divinités ou à des esprits. Ils peuvent être suspendus au plafond, disposés dans les cheminées ou portés en bijoux.

Statue de Chac, dieu maya de la pluie

UNE HISTOIRE DE FAMILLE

Dans le shinto, religion née au Japon, Amaterasu Omikami est « l'être divin qui éclaire le ciel ». Son frère est un dieu des tempêtes et, lorsque ce dernier déchaîne les vents et provoque des inondations, Amaterasu en est si triste qu'elle va se cacher dans une grotte. C'est ainsi que le ciel s'obscurcit durant les tempêtes.

Écureuil gris

SACRIFICES

Dans la mythologie maya, Chac était le dieu de la pluie qui arrosait les cultures. Mais il déclenchait également les orages qui détruisaient les récoltes et inondaient les villages. Alors, pour s'attirer la clémence du dieu, les Mayas lui faisaient des offrandes, espérant ainsi avoir de la pluie mais sans tempêtes.

LA QUEUE DE L'ÉCUREUIL

Certaines personnes croient que plus la queue des écureuils est touffue en automne, plus l'hiver sera rude. Il n'existe aucune preuve scientifique de cette affirmation.

LES PIONNIERS DE LA MÉTÉOROLOGIE

Science du temps, la météorologie n'aurait pu voir le jour sans la connaissance préalable des éléments qui le gouvernent : l'eau, l'air et les processus de réchauffement. Leur étude scientifique débuta il y a environ 300 ans. Elle permit de découvrir la pression atmosphérique, la composition gazeuse de l'air, et de comprendre pourquoi l'eau devient invisible lorsqu'elle s'évapore. Les premiers météorologues mirent au point des instruments de mesure rudimentaires grâce auxquels ils purent vérifier leurs théories et en concevoir de nouvelles. Deux inventions se révélèrent capitales : le thermomètre, pour mesurer la température, et le baromètre, pour indiquer la pression atmosphérique. L'hygromètre, qui évalue le degré d'humidité de l'air, est, lui aussi, essentiel. De nos jours, munis d'équipements ultrasophistiqués, les chercheurs savent déterminer avec une grande précision les déplacements de perturbations climatiques graves comme les cyclones.

UNE ATMOSPHÈRE PESANTE
En 1643, le physicien italien Evangelista Torricelli (1608–1647) mit au point le premier baromètre. Il remplit de mercure un tube de verre long de 1 m, puis le retourna, ouverture vers le bas, dans un bac rempli lui aussi de mercure. Dans le tube, le mercure tomba alors jusqu'à la hauteur de 80 cm environ. Torricelli comprit que c'était le poids de l'air ou, en d'autres termes, sa pression sur le mercure dans le bac, qui l'empêchait de descendre plus bas.

LES VARIATIONS DU MERCURE
L'inventeur de ce baromètre à mercure fut le météorologue Robert Fitzroy. Il est gradué en pouces pour mesurer la hauteur de la colonne de mercure. Lorsque la pression atmosphérique l'amène au-dessus de 30 pouces, soit 76 cm, c'est le beau temps qui prévaut. Mais, lorsqu'elle tombe en dessous, il faut s'attendre à des conditions climatiques moins stables.

Baromètre de Fitzroy

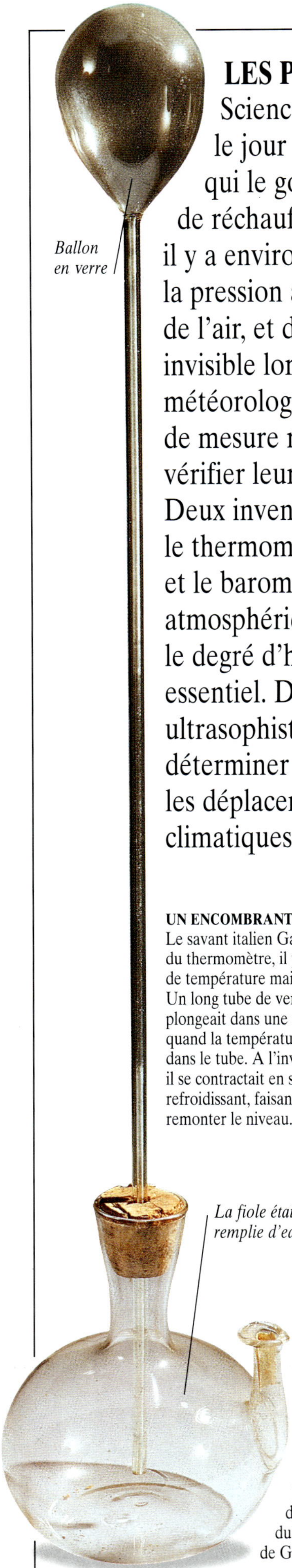

Ballon en verre

UN ENCOMBRANT ANCÊTRE
Le savant italien Galilée (1564–1642) créa ce thermoscope, ancêtre du thermomètre, il y a quelque 400 ans. Il indiquait les changements de température mais ne pouvait pas en donner les valeurs exactes. Un long tube de verre, muni d'un ballon à son extrémité supérieure, plongeait dans une fiole remplie d'eau. L'air dans le ballon se dilatait quand la température s'élevait, faisant descendre le niveau de l'eau dans le tube. A l'inverse, il se contractait en se refroidissant, faisant remonter le niveau.

La fiole était remplie d'eau.

Reproduction datant du XIXe siècle du thermoscope de Galilée

LE POIDS DE L'INVISIBLE
Le degré d'humidité de l'air ambiant varie avec le temps, devenant très élevé avant un orage, notamment. Cette eau atmosphérique est toutefois invisible car elle se trouve sous forme de vapeur, qui est un gaz. Mais, à défaut de la voir, il est possible de la mesurer. C'est dans ce but que fut créé, il y a environ 350 ans, cet hygromètre. L'eau de l'air est absorbée par un sac en coton, qui devient, de ce fait, légèrement plus lourd. Plus l'humidité atmosphérique est élevée, plus le sac fait pencher la balance.

Sac de coton absorbant l'humidité de l'air

Contrepoids en verre

Balance hygrométrique du XVIIe siècle

POUSSÉE DÉSÉQUILIBRÉE
Cet appareil en verre est un simple baromètre. La pression atmosphérique appuie sur l'eau dans le tube gradué, tandis que l'air dans le corps fermé de l'appareil pousse dans l'autre sens. Les changements de pression atmosphérique se traduisent par des variations du niveau de l'eau dans le tube. Avant un orage, la pression chute et l'eau s'élève.

Lorsque le niveau de l'eau dans le tube est élevé, la pression de l'air est basse : il faut s'attendre au mauvais temps.

Pour fonctionner correctement, le niveau de l'eau dans l'appareil doit être plus élevé.

Trace brûlée sur le papier

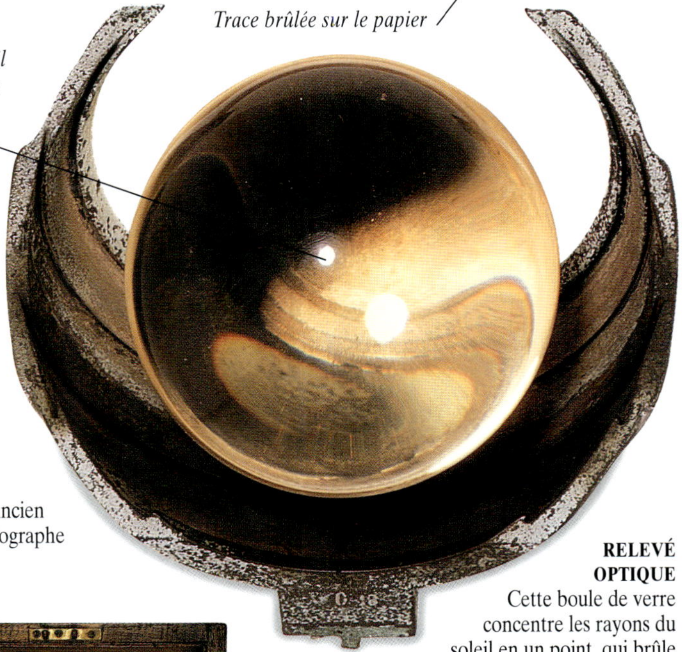

Image du soleil réfléchie dans la boule de verre

Ancien héliographe

RELEVÉ OPTIQUE
Cette boule de verre concentre les rayons du soleil en un point, qui brûle le papier placé derrière elle. La trace qui se crée peu à peu correspond à la course de l'astre dans la voûte céleste durant le jour et traduit les variations de l'ensoleillement. Lorsque des nuages viennent s'interposer, sa lumière est dispersée dans toutes les directions et n'est plus assez forte pour laisser une marque sur le papier.

Grosse aiguille alignée sur la direction du passage normal des cyclones dans une région

La petite aiguille indique une route sûre, à l'opposé du cyclone.

UN ŒIL SUR LE CYCLONE
Avant les alertes radio, les navigateurs utilisaient ce remarquable appareil, appelé barocyclonomètre, pour calculer la trajectoire des cyclones. Les vents cycloniques soufflent en une spirale au centre de laquelle règne une pression atmosphérique très basse. En mesurant les variations des vents et des pressions atmosphériques, les marins parvenaient à déterminer la direction du déplacement de la perturbation et à l'éviter.

PROBLÈME D'ÉCHELLE
Lorsque ce thermomètre fut mis au point, en 1657, aucune échelle reconnue de mesure des températures n'existait encore. Mais pour effectuer des relevés de façon précise, et non se contenter de simples indications comme « plus chaud » ou « plus froid », il faut disposer d'une échelle de graduations. De nos jours, les météorologues en utilisent principalement deux : l'échelle Celsius et l'échelle Fahrenheit. Exprimées toutes deux en degrés, elles furent établies au XVIIIe siècle.

Thermomètre italien, 1657

LA SPIRALE DU TEMPS
Le long tube de ce thermomètre en verre a été spiralé pour le rendre moins encombrant. Lorsque la température augmente, l'eau contenue dans le ballon inférieur se dilate et son niveau s'élève dans la spirale, indiquant ainsi qu'il fait plus chaud.

C'EST UN GAZ
Au cours des années 1770, le chimiste français Antoine de Lavoisier (1743–1794) fit d'importantes découvertes concernant l'atmosphère. Il fut le premier à comprendre qu'elle était constituée d'un mélange de gaz. Il découvrit également que l'oxygène et l'hydrogène se combinent pour former l'eau.

LES MANIFESTATIONS CLIMATIQUES EXTRÊMES

Cyclones, tornades, sécheresses, inondations ou gel menacent la vie des hommes, endommagent leurs récoltes et leurs biens. Ces phénomènes, de quelque nature qu'ils soient, sont toujours la résultante de quatre grands paramètres : la température, le vent, la pression atmosphérique et les précipitations (pluie, grêle ou neige). La température moyenne sur la Terre est d'environ 21 °C, mais certains endroits sont beaucoup plus chauds, d'autres plus froids. De même, la moyenne des précipitations mondiales est d'environ 1 m par an, mais on connaît des régions du globe qui reçoivent jusqu'à 11 m d'eau en une année et d'autres pratiquement rien. Par ailleurs, il est des zones sèches des mois durant qui se voient subitement inondées. Les catastrophes climatiques prennent souvent les populations de court car une tornade, une crue ou un orage destructeurs peuvent survenir en des lieux au temps habituellement calme.

VENTS MORTELS
Les tornades sont des vents tournoyant à très grande vitesse au cœur desquels la pression atmosphérique s'abaisse très en dessous de la normale. La tornade la plus destructrice jamais observée tua 689 personnes le 18 mars 1925 dans le Missouri, l'Illinois et l'Indiana, aux Etats-Unis.

LES CLIMATS SECS
La région la plus sèche du monde est le désert d'Atacama, au Chili, qui n'a connu pratiquement aucune précipitation depuis que les météorologues ont commencé à les enregistrer. C'est un lieu extrêmement inhospitalier où vivent très peu d'hommes.

La vallée de la Lune, dans le désert d'Atacama

QUAND LA NEIGE S'EFFONDRE
L'avalanche la plus rapide jamais enregistrée se produisit dans le massif du Glärnisch, en Suisse, en 1898. La neige dévala la montagne à la vitesse de 350 km/h environ.

Les climats polaires sont très froids et secs, avec des vents puissants.

Le 13 août 1849, un bloc de glace de 6 m de diamètre tomba du ciel en Ecosse.

GRAND FROID
La région habitée la plus froide du monde est celle de Verkhoïansk, en Sibérie. La température peut y chuter à –71 °C.

Verkhoïansk •
FÉDÉRATION DE RUSSIE
EUROPE
Massif du Glärnish •
ASIE
Al 'Aziziyah •
BANGLADESH
Gopalganj •
AFRIQUE
INDONÉSIE
Bogor •
AUSTRALIE
NOUVELLE-ZÉLANDE

La plus terrible inondation du monde se produisit en 1332, en Chine, lorsque le fleuve Jaune sortit de son lit, tuant 7 millions de personnes.

Le climat de toundra est froid, avec peu de précipitations et des étés courts.

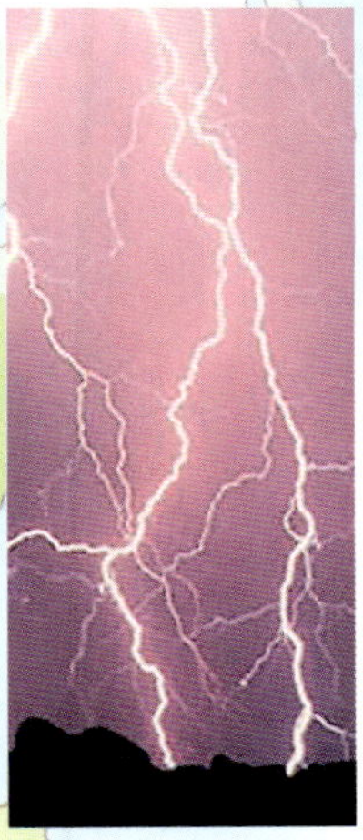

SOUS LES ORAGES
Entre 1916 et 1919, la région de Bogor, à Java, en Indonésie, connut une moyenne de 332 jours d'orage par an. Ceux-ci se produisent quand de l'air chaud s'élève. On n'en observe pas dans l'Antarctique.

DÉSERTS TORRIDES
La température la plus chaude jamais enregistrée atteignit 58 °C à Al'Aziziyah, dans le désert du Sahara, en Libye. Cette région n'est pas chaude et sèche toute l'année. Durant l'hiver, les orages y sont communs.

AVERSE FATALE
Le plus gros grêlon connu tomba à Gopalganj, au Bangladesh, en 1986. Son poids était de 1 kg. L'averse de grêle au cours de laquelle il chuta tua, ce jour-là, 92 personnes.

Les climats de mousson ont une longue saison sèche suivie d'une saison de pluies abondantes qui survient sans transition.

Les climats désertiques reçoivent moins de 25 cm de pluie par an.

La plus haute trombe d'eau connue survint au large des côtes de la Nouvelle-Galles du Sud le 16 mai 1898. Elle atteignit 1 528 m de haut.

MANCHOTS GLACÉS
Les conditions de vie sont rudes, dans l'Antarctique, pour ces manchots empereurs. Des vents soufflant jusqu'à 190 km/h entraînent la neige et la glace, créant les blizzards les plus redoutables connus sur la planète.

L'ORIGINE DES PERTURBATIONS CLIMATIQUES

De nombreux facteurs sont susceptibles d'affecter le temps. Le premier est le Soleil, dont l'action réchauffante à la surface de la Terre n'est pas régulière. Cela génère des différences de pression atmosphérique et les vents. D'autres agents, comme la poussière émise par les volcans dans l'atmosphère ou les orages magnétiques à la surface du Soleil, influent sur le climat, le rendant plus chaud ou plus froid, plus humide ou plus sec. Et l'homme lui-même interfère dans ces processus en polluant l'atmosphère. De nos jours, les mécanismes des catastrophes climatiques sont assez bien compris, mais il reste impossible de prévoir le temps précisément avec plus de quelques jours d'avance. Le climat planétaire, en effet, est un système d'une immense complexité, que même un fait insignifiant peut perturber.

L'« EFFET PAPILLON »
Il est difficile d'imputer la responsabilité d'une tempête ou d'une inondation à un papillon, et pourtant, il est possible qu'il puisse influer sur le déroulement des phénomènes climatiques. C'est l'étrange conclusion de la théorie du chaos, émise pour expliquer le comportement de systèmes instables comme le climat. Selon celle-ci, l'équilibre climatique serait si sensible que la moindre modification des mouvements de l'air, comme celle causée par le battement des ailes d'un papillon, pourrait avoir des conséquences sur le climat mondial.

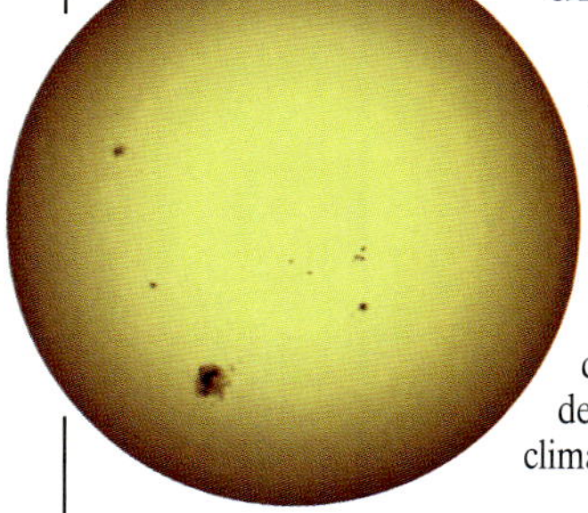

LES TACHES SOLAIRES
Des taches sombres, plus froides, d'un diamètre de plusieurs milliers de kilomètres, apparaissent de temps en temps à la surface du Soleil pendant environ une semaine. Générées par des orages magnétiques, elles s'accompagnent de projections dont les débris atteignent parfois la Terre. Quand ce phénomène se produit, les températures peuvent s'élever sur l'ensemble du globe et les perturbations sont plus fréquentes. Le nombre de taches solaires augmente tous les onze ans, et les catastrophes climatiques sur Terre semblent coïncider avec ce cycle.

LE RÉCHAUFFEMENT PLANÉTAIRE
Bon nombre de fumées et de gaz émis par les véhicules et les industries modernes restent en suspension dans l'air et peuvent affecter le climat. Le dioxyde de carbone, ou gaz carbonique, libéré par la combustion des carburants fossiles, semble être à l'origine d'une élévation générale des températures. Si ce « réchauffement global » se confirme, il pourrait remettre en question l'équilibre climatique de la planète, avec une augmentation des tempêtes, la fonte des calottes polaires et l'élévation du niveau des océans.

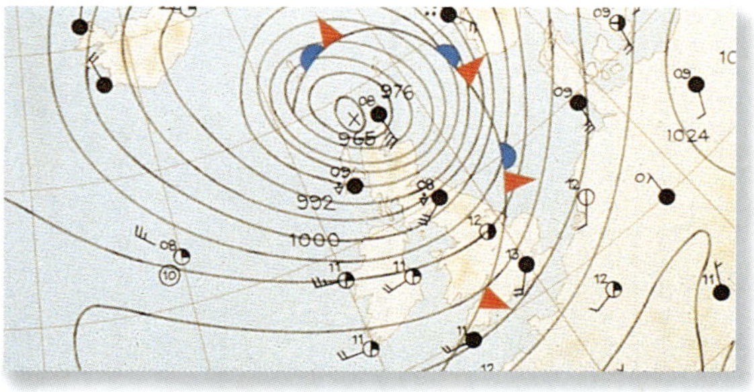

PROFONDE DÉPRESSION
Cette carte des champs de pression montre une dépression (zone de basses pressions accompagnant les temps instables) centrée sur les îles Britanniques. Les lignes qui y figurent sont appelées isobares : chacune relie entre eux, sur la carte, tous les points d'égale pression. Les dépressions se forment quand l'air réchauffé se dilate et commence à s'élever. Les vents se mettent à souffler en spirale vers le centre de la dépression. Plus celle-ci est creuse, plus les vents sont forts.

LES GAZ À EFFET DE SERRE
Des composés chimiques appelés chlorofluorocarbones, ou CFC, sont libérés dans l'atmosphère par divers procédés industriels et ont longtemps servi de propulseurs dans les bombes aérosol. Les CFC détruisent la structure moléculaire de la couche d'ozone qui, dans la haute atmosphère, protège la Terre des effets néfastes des rayons ultraviolets émis par le Soleil. Comme le gaz carbonique, les CFC sont classés parmi les « gaz à effet de serre » car ils contribuent à la lente élévation des températures dans le monde entier. Au cours des années 1990, la plupart des nations ont passé des accords pour arrêter l'usage des CFC.

LE CHAUD ET LE FROID
Le Soleil ne dispense pas son énergie de manière égale sur toute la planète. Aux pôles, ses rayons frappent toujours la surface terrestre selon un angle très fermé, à cause de la rotondité du globe. Au contraire, ils frappent directement et beaucoup plus intensément les régions équatoriales. Ces différences de température créent des différences de pression atmosphérique, lesquelles font naître des vents qui influent sur le climat mondial.

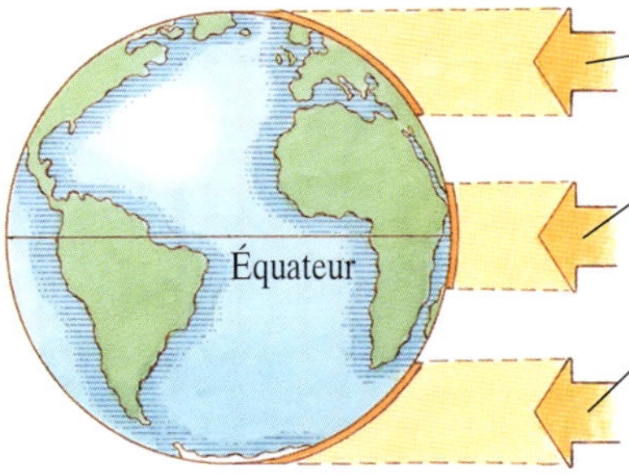

REFROIDISSEMENT PLANÉTAIRE
Le mont Saint-Helens (ci-contre), dans l'Etat de Washington, aux Etats-Unis, entra en éruption en 1980. Durant plusieurs mois après l'événement, les climatologues constatèrent une chute de près de 0,5 °C de la température moyenne du globe. Elle était due à la poussière volcanique qui, en se dispersant dans l'air dans le monde entier, filtrait et limitait les rayons et la chaleur solaires.

DES VENTS MAUVAIS SUR LA PLANÈTE

La force des vents est liée à leur vitesse. Au niveau du sol ou de la mer, les plus violents se rencontrent au cœur des cyclones et des tornades ; ils peuvent dévaster des régions entières. Plus haut dans l'atmosphère soufflent des vents plus rapides encore : les jet-streams. Leur altitude les rend inoffensifs, mais ces derniers jouent un rôle important dans la thermodynamique du globe en intervenant dans la répartition de la chaleur du soleil. Les vents dits globaux naissent des différences de réchauffement entre diverses parties de la planète. Les vents locaux, de moindre échelle, sont dus à des modifications plus localisées de température et de pression. Pour prédire le mouvement des vents, il est essentiel de mesurer précisément leur vitesse.

L'ÉCHELLE DU DANGER
Francis Beaufort (1774–1857) était commandant dans la marine britannique. En 1805, il mit au point un système permettant d'estimer la force du vent : l'échelle anémométrique de Beaufort. Cette échelle graduée de 0 à 12, de « calme » à « ouragan », est encore en usage de nos jours, mais les appareils modernes donnent des mesures plus précises.

LA TÊTE DANS LES NUAGES
Cette maquette représente la tour Millenium, de 840 m de haut, dont la construction est prévue à Tokyo, au Japon. L'un des points les plus importants dans la conception des gratte-ciel est leur résistance au vent. Cette tour géante sera cerclée d'une armature d'acier qui la renforcera contre les vents violents.

Maquette de la tour Millenium, à Tokyo

La tête indique d'où vient le vent.

LA TÊTE FACE AU VENT
La girouette est sans doute le plus ancien des instruments météorologiques. La queue du coq, présentant une surface plus grande que sa tête, le fait pivoter lorsque le vent tourne. La tête pointe alors dans la direction d'où il vient, indiquée par les repères cardinaux à la base. La direction (ou secteur) d'un vent est, en effet, toujours celle d'où il vient. Ainsi, un vent d'ouest, ou de secteur ouest, souffle d'ouest en est.

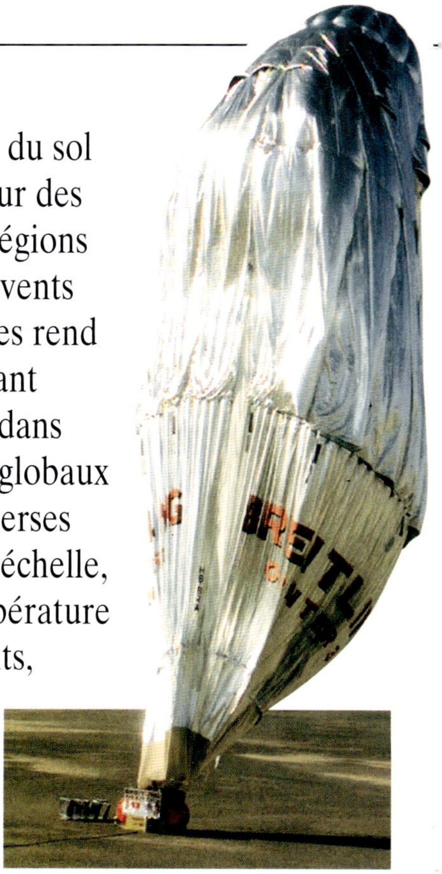

LE TOUR DU MONDE EN BALLON
En mars 1999, les aérostiers Bertrand Piccard et Brian Jones ont été les premiers à effectuer le tour du monde sans escale en montgolfière. Leur ballon, baptisé *Breitling Orbiter 3*, a parfois été aidé par les jet-streams, soufflant jusqu'à 300 km/h. Ces vents très rapides de haute altitude peuvent réduire les temps de vol des avions de ligne de deux heures dans le sens Etats-Unis/Europe.

SCULPTÉ PAR LES ÉLÉMENTS
C'est l'action érosive du sable poussé par le vent qui a sculpté ce magnifique paysage dans le grès. Un vent qui soulève et transporte le sable est appelé vent de sable ; il est irrespirable.

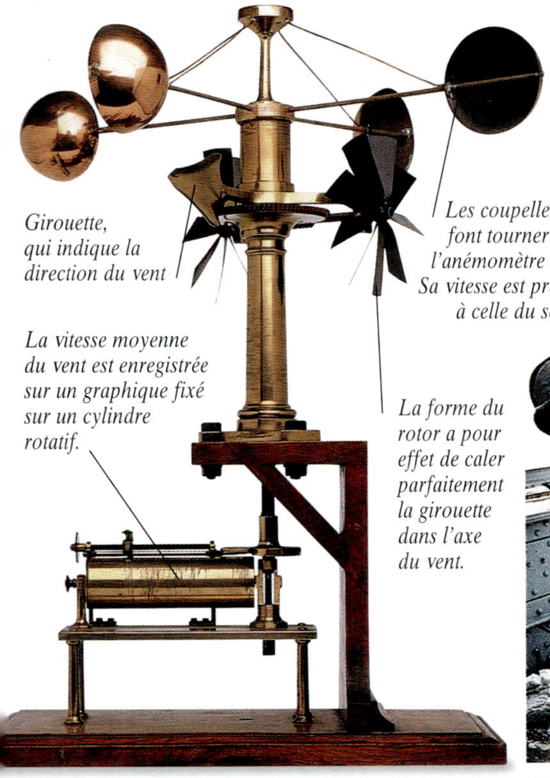

Girouette, qui indique la direction du vent

Les coupelles font tourner l'anémomètre dans le vent. Sa vitesse est proportionnelle à celle du souffle.

La vitesse moyenne du vent est enregistrée sur un graphique fixé sur un cylindre rotatif.

La forme du rotor a pour effet de caler parfaitement la girouette dans l'axe du vent.

LA SCIENCE DES VENTS
Cet instrument de mesure, mis au point bien avant l'électronique et les ordinateurs, est un anémomètre. Il enregistre la vitesse et la direction du vent sur de longues périodes. En effet, pour comprendre les mouvements des vents, les météorologues ont besoin du plus grand nombre de mesures possible.

Un homme lutte contre le vent sur le pont de Wabash Avenue, à Chicago.

LA VILLE DES VENTS
Durant l'hiver, la ville de Chicago, aux Etats-Unis, est régulièrement battue par des vents violents. En effet, Chicago se situe près des Grands Lacs. Les masses d'air au-dessus des terres se mêlent à celles des lacs. Leur pression atmosphérique étant différente, elles provoquent des rafales lorsqu'elles se rencontrent.

PONT BRANLANT
En 1940, le pont de Tacoma Narrows, à Washington, aux Etats-Unis, fut endommagé par le vent. De fortes rafales le secouèrent, d'abord légèrement, puis de plus en plus violemment. Finalement, une partie de l'édifice s'effondra. Toutefois, le souffle qui provoqua des dégâts n'étant pas aussi puissant que celui d'un cyclone, la conception du pont fut incriminée.

Grès érodés du plateau du Colorado, dans l'Utah, aux Etats-Unis

LA VIOLENCE DES ORAGES

Les pluies torrentielles, les vents violents, le tonnerre et les éclairs qui accompagnent les orages libèrent d'énormes quantités d'énergie. Les plus violents peuvent être accompagnés de grêle, voire de tornades. La source de toute cette énergie est le soleil, qui fait s'évaporer l'eau de la surface de la terre. L'air chaud et humide ainsi produit s'élève dans l'atmosphère et commence à se refroidir. La vapeur qu'il contient se condense alors, formant d'innombrables microgouttelettes et des cristaux de glace qui constituent un nuage sombre appelé cumulo-nimbus, ou cumulus bourgeonnant. Les courants d'air chaud ascensionnels peuvent atteindre des vitesses de plus de 100 km/h. Lorsque la pluie ou la grêle s'abattent, elles s'accompagnent d'un courant descendant d'air plus froid qui, en atteignant le sol, se disperse dans toutes les directions, provoquant des rafales de vent.

TROP-PLEIN D'ÉNERGIE
Les tornades, les éclairs et les trombes d'eau au-dessus des terres se produisent souvent au cours de violents orages, tandis que les nuages libèrent rapidement leur énergie. La trombe et la chute de foudre que l'on voit ici ont été photographiées au cours d'un orage sur la Floride, aux Etats-Unis.

VU DE L'ESPACE
Cette photographie, prise par un engin spatial, montre comment un système orageux se constitue lorsque de l'air chaud et humide rencontre de l'air froid et sec. Ce dernier coupe la colonne d'air chaud, qui forme alors des poches d'air ascensionnelles, lesquelles constituent des cumulus bourgeonnants dans la couche de nuages existante.

Mélange de cristaux de glace et d'eau

PORTEUR D'EAU
Un cumulo-nimbus est une impressionnante accumulation nuageuse dont le sommet peut avoisiner 12 km d'altitude, tandis que la base ne se trouve qu'à 1000 m au-dessus du sol. Un cumulo-nimbus moyen contient environ 10000 t d'eau.

LE BRUIT DU TONNERRE
Dans le shinto, religion japonaise, de nombreuses forces de la nature sont vénérées sous l'aspect de divinités appelées *kami*. Parfois, les *kami* prennent figure humaine. Ainsi, ce dieu du tonnerre est représenté sous la forme d'un homme robuste battant son tambour.

Dieu japonais du tonnerre

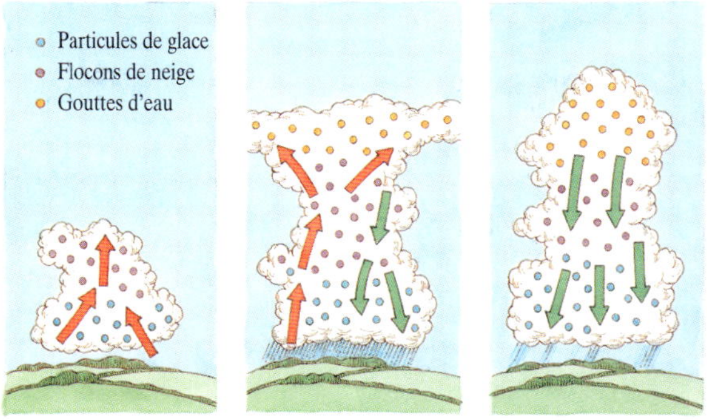

L'air chaud et humide s'élève. — Fortes pluies, voire grêle — Le nuage commence à être à court d'énergie.

LE CYCLE D'UN ORAGE
Ce schéma explique comment se développe un orage. Tout d'abord, consécutivement à l'évaporation de l'eau, un courant ascensionnel (flèches rouges) chaud et humide commence à constituer le nuage. Puis la vapeur d'eau, en se condensant, libère de grandes quantités de chaleur. Cette dernière chauffe encore l'air, le faisant monter plus haut. L'orage s'abat finalement lorsque l'air commence à se refroidir et quand le courant d'air froid descendant (flèches vertes) contribue à disperser le nuage.

LE CALME QUI PRÉCÈDE LA TEMPÊTE
Les orages interviennent souvent à la fin d'une chaude journée d'été, lorsque l'air qui a été réchauffé par la terre elle-même chauffée par le soleil, s'élève rapidement dans les couches supérieures froides de l'atmosphère. Un nuage d'orage transporte de l'eau en abondance et il est si dense qu'il arrête la presque totalité de la lumière qui tombe sur lui. C'est pourquoi il apparaît noir. Au-dessus de lui, l'air est clair et calme.

Supercellule orageuse au-dessus du Texas, Etats-Unis

SUPERCELLULE DE CRISE
La plupart des orages débutent sous la forme d'une ou plusieurs cellules (poches) d'air ascendant. Le terme de « supercellule » est employé pour désigner une cellule particulièrement massive et très énergétique, dans laquelle l'air s'élève plus vite que la normale. Les cellules de ce type emportent d'énormes quantités d'eau vers le nuage d'orage. C'est d'elles que naissent les trombes et les tornades.

LA FORMATION DES TORNADES

Une tornade naît au pied d'un cumulo-nimbus, lorsque de l'air chaud et humide s'élève du sol et traverse la masse d'air plus froid à la base du nuage. Ce courant ascendant crée un frottement contre l'air froid, plus lourd, qui tend à descendre. Mais les deux masses ne se mélangent pas. Sous l'effet de la rotation de la Terre, elles se mettent à tourner en s'enroulant l'une autour de l'autre. Un cône apparaît alors à la base du nuage, puis se prolonge jusqu'à terre pour former la trompe, au sein de laquelle des vents tourbillonnants très violents créent une puissante aspiration. Les météorologues n'ont pas encore élucidé les mécanismes précis de la formation des tornades. Leur prévision reste une science d'autant plus inexacte qu'il s'agit de phénomènes très localisés pouvant survenir en quelques minutes.

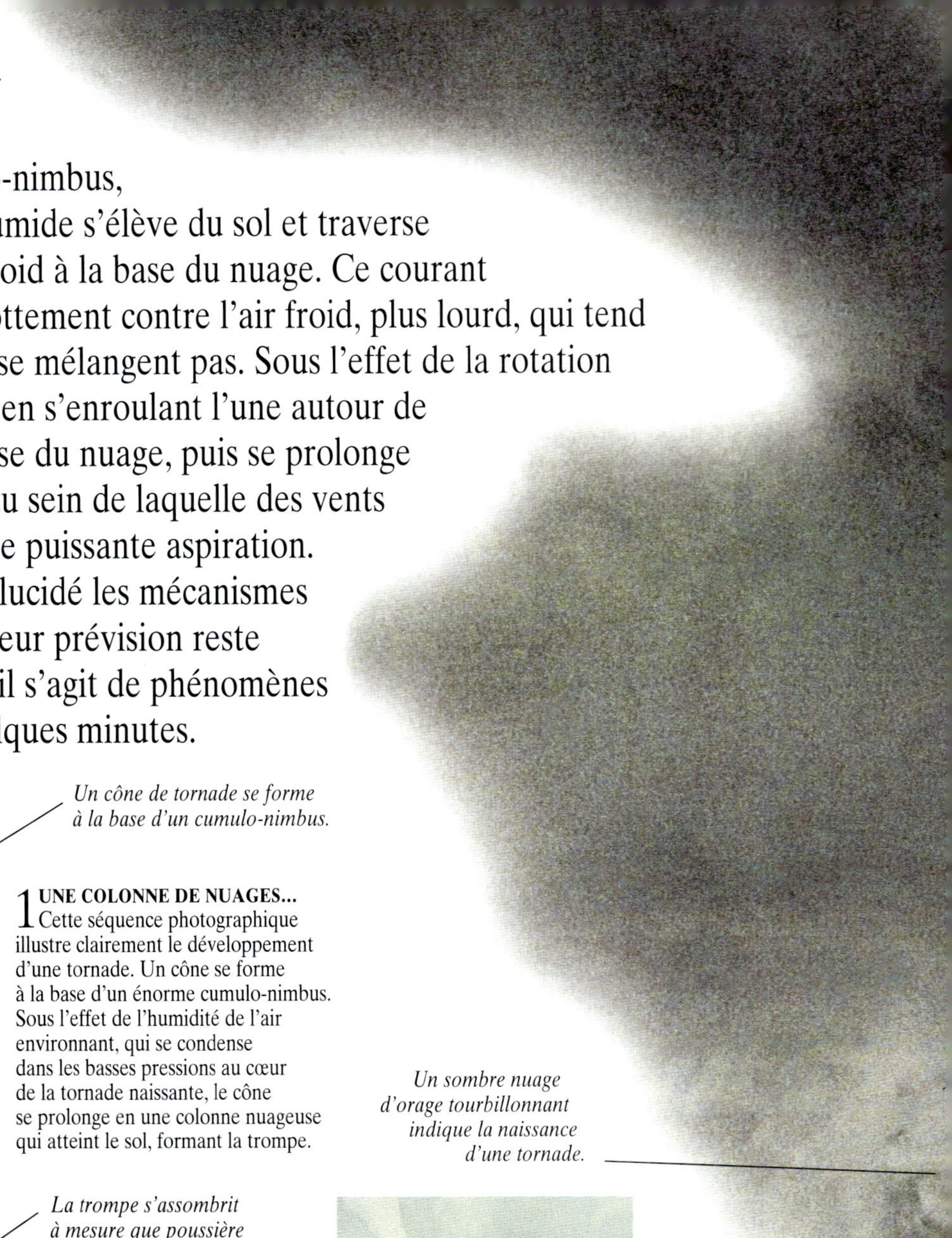

Un sombre nuage d'orage tourbillonnant indique la naissance d'une tornade.

Un cône de tornade se forme à la base d'un cumulo-nimbus.

1 UNE COLONNE DE NUAGES...
Cette séquence photographique illustre clairement le développement d'une tornade. Un cône se forme à la base d'un énorme cumulo-nimbus. Sous l'effet de l'humidité de l'air environnant, qui se condense dans les basses pressions au cœur de la tornade naissante, le cône se prolonge en une colonne nuageuse qui atteint le sol, formant la trompe.

La trompe s'assombrit à mesure que poussière et objets sont aspirés du sol.

2 ... ATTEINT LE SOL
Au moment où la trompe atteint le sol, elle s'obscurcit sous l'effet de la poussière et des objets aspirés par le vortex. Le cône mouvant de la tornade balaie ici un champ en ravageant les récoltes.

Tandis que la tornade perd de l'énergie, le diamètre de la trompe rétrécit.

3 EN PERTE DE SOUFFLE
À mesure qu'elle se déplace, la tornade perd de l'énergie. Les vents commencent à tourbillonner moins vite et la trompe rétrécit. Enfin, cette dernière va disparaître, réabsorbée par le nuage qui l'a fait naître.

ENTONNOIR LIQUIDE
Lorsqu'une tornade passe au-dessus d'un lac ou de la mer, la dépression en son centre aspire l'eau, formant une trombe. La vitesse des vents à l'intérieur d'une trombe est beaucoup moins élevée que dans une tornade ordinaire – elle peut être de 80 km/h seulement –, en partie à cause du poids de l'eau qu'ils transportent.

ÉTRANGES AVERSES
Lorsqu'une tornade passe au-dessus de l'eau, de petits animaux comme des poissons et des grenouilles peuvent être aspirés dans les airs, pour retomber à terre loin de leur élément, une fois le redoutable tourbillon dissipé.

TOURBILLON D'ENFER
La très basse pression générée par l'air tourbillonnant agit comme un énorme aspirateur, capable d'absorber tout ce qu'il rencontre sur son passage.
La trajectoire de la trompe est tout à fait aléatoire ; elle se déplace en ondulant entre la terre et la base du nuage.
Elle peut parcourir ainsi quelques dizaines, voire plusieurs centaines de kilomètres. Ceux qui sont pris dedans connaissent l'enfer, tandis qu'autour tout est très calme.

MINI-TORNADES DE POUSSIÈRE
On donne aussi le nom de trombes aux vortex de plus faible ampleur, communs dans les régions désertiques. Ils mobilisent des quantités d'énergie beaucoup plus faibles, et sont donc beaucoup moins dévastateurs que les tornades. Ils naissent néanmoins de la même manière : l'air au-dessus des sables et des roches brûlants commence à s'élever rapidement, produisant le courant ascensionnel nécessaire à la formation d'un tourbillon. Les vents atteignent alors environ 40 km/h.

AU CŒUR DE LA TORNADE

Les vents qui tourbillonnent au cœur d'une tornade comptent parmi les forces les plus destructrices de la nature. Avec des vitesses dépassant parfois 500 km/h, ils soufflent des habitations, emportent des automobiles, blessent ou tuent des êtres vivants. Les tornades les plus fréquentes s'abattent l'été sur le Middle West américain, où l'air froid du Canada rencontre les couches d'air chaud et humide venues du golfe du Mexique. Mais elles surviennent aussi ailleurs dans le monde, ravageant des pays pauvres comme le Bangladesh. Bien que le phénomène y soit plus rare, l'Europe n'est pas épargnée : la tempête de Noël 1999 a pris le caractère d'une tornade et a été la plus violente depuis la Seconde Guerre mondiale.

LE « CHEMIN DES TORNADES »
Cette carte met en évidence une région des Etats-Unis à laquelle les Américains ont donné le nom de *Tornado Alley* (le chemin des tornades) et qui inclut une partie du Kansas, de l'Oklahoma, du Missouri et du Texas. Cette zone connaît plusieurs centaines de tornades chaque année. Les plus violentes sont responsables d'une centaine de morts par an.

Un tourbillon en cône descend du nuage d'orage.

IRRÉSISTIBLE ASPIRATION
Le tourbillon destructeur au centre de la tornade couvre généralement un diamètre de près de 2 km. La poussière et les objets au sol qui se trouvent pris dedans sont inexorablement soulevés très haut dans les airs. Ils peuvent être rejetés sur les côtés ou rester prisonniers avant d'être redéposés, souvent des kilomètres plus loin, lorsque le phénomène prend fin. En général, les tornades balaient le sol à la vitesse de 55 km/h.

Store vénitien vrillé par une tornade

LA GRANDE DÉPRESSION
La pression de l'air au cœur d'une tornade est beaucoup plus basse que la normale. Au passage de l'une d'elles, les fenêtres de ce bâtiment ont explosé, parce que la pression à l'intérieur s'est trouvée supérieure à celle de l'extérieur. Ainsi, une grande part des dégâts provoqués par une tornade sont dus à la chute subite de pression qu'elle apporte.

Cette porte a été aspirée à travers la fenêtre par la force de la tornade.

Tornade détruisant une maison, dans le film Twister *(1998)*

LES CHASSEURS DE TORNADES
Aux Etats-Unis, certaines personnes recherchent et poursuivent délibérément les tornades pour les étudier. Ces chasseurs de tornades, pour la plupart des scientifiques circulant dans des véhicules spécialement équipés, se mettent en action chaque fois qu'un avis de tornade est publié par les services météorologiques.

DES CERCLES TOUJOURS MYSTÉRIEUX
D'étranges cercles aplatis apparaissent parfois dans les champs de céréales, essentiellement dans les pays anglo-saxons. Certains affirment qu'ils sont dus à des tornades. Mais cette explication n'est pas vraisemblable, car les tornades ne se maintiennent pas au-dessus d'un point donné : elles se déplacent en laissant sur leur passage une traînée de destruction. Il s'agit en fait d'interventions à caractère artistique de personnes venant avec des engins agricoles réaliser des « sculptures » dont l'ampleur ne s'appréhende que depuis les airs : c'est le *land art.*

HISTOIRES EXTRAVAGANTES
Les tornades donnent parfois lieu à des histoires cocasses. On raconte notamment que, dans l'Alabama, au cours d'une tornade, un poulet pris dans des vents soufflant à 200 km/h se serait retrouvé entièrement déplumé, mais vivant.

SOUFFLÉE COMME UN FÉTU DE PAILLE
Les fidèles qui s'étaient réunis pour prier dans cette église de Piedmont, en Virginie, aux Etats-Unis, ont été surpris par une tornade qui eut lieu en mars 1994 et emporta le toit de l'édifice.

CAMION VOLE
L'incroyable puissance destructrice d'une tornade est traduite dans cette photographie de ce qui fut un poids lourd. Les vents circulant à plus de 400 km/h l'ont arraché du sol avant de l'y laisser retomber, ne laissant qu'un amas d'acier tordu. Avec une telle puissance, une tornade peut dévaster toute une ville en quelques minutes.

LORSQUE FRAPPE LA FOUDRE

Près de deux mille orages se produisent à tout moment sur Terre. Ils sont surtout impressionnants par les éclairs et la foudre qu'ils produisent et qui sont dus aux charges d'électricité statique accumulées. Dans le nuage d'orage, en effet, l'air s'élève à des vitesses pouvant atteindre 100 km/h et emporte vers le haut de minuscules cristaux de glace qui, ce faisant, frottent contre les billes de grêle. Les cristaux de glace se chargent alors positivement, tandis que les grêlons se chargent négativement. Un éclair n'est rien d'autre que le résultat de ces charges électriques qui se neutralisent : c'est une énorme étincelle se produisant entre le nuage et le sol ou entre le sommet et la base du nuage. La forme d'éclair la plus commune est la forme ramifiée, mais il en existe d'autres, moins fréquentes, comme la forme rubanée.

DU TONNERRE DES DIEUX
Avant que les savants ne découvrent les explications scientifiques des phénomènes climatiques, la plupart des peuples s'en remettaient aux dieux pour les expliquer, et peut-être aussi pour justifier leurs peurs. Ainsi Thor, le dieu scandinave du tonnerre, était-il censé faire jaillir les éclairs de son marteau magique.

Eclair fossilisé

SCULPTÉ PAR LA FOUDRE
Cet objet étrange est du sable qui a fondu au passage de la foudre avant de se solidifier. Le minéral qui en résulte est appelé fulgurite. La température qui règne au sein d'un éclair lorsque tombe la foudre atteint 30000 °C, presque cinq fois plus qu'à la surface du Soleil.

LES PARATONNERRES
Les constructions élevées, telles que la tour Eiffel, sont les cibles privilégiées de la foudre. Pour les protéger, on installe à leur sommet des mâts métalliques reliés par des câbles conducteurs à la terre, où se disperse l'électricité quand frappe la foudre.

Arbre déchiqueté par la foudre.

UN ÉCLAIR DE GÉNIE
En 1752, au cours d'un orage, l'homme d'Etat et savant américain Benjamin Franklin réalisa une dangereuse expérience. Il fit voler un cerf-volant à la corde duquel étaient attachés des objets métalliques. Ceux-ci produisirent des étincelles, démontrant que l'électricité circulait le long de la corde humide.

PARATONNERRE PORTATIF
Au XVIIIe siècle, un accessoire de mode inventé par Benjamin Franklin en 1753 était en vogue : un ruban métallique que l'on suspendait à une ombrelle ou à un chapeau et qui traînait à terre. Il avait pour fonction de conduire la charge électrique vers le sol si la foudre tombait sur la personne qui le portait.

Le fil de Franklin était très prisé à Paris en 1778.

RAPIDE COMME L'ÉCLAIR
Un temps de pose assez long a permis de fixer plusieurs éclairs successifs sur une même photographie. Un éclair débute sous la forme d'une bande de conduction invisible, à la base d'un nuage. En s'établissant, elle crée dans l'air un chemin d'atomes ionisés, le long duquel d'énormes charges électriques circulent en un temps extrêmement bref, produisant une lumière intense. La température s'élève très fortement le long de l'éclair, provoquant une brutale expansion de l'air. Celle-ci crée une onde de choc se manifestant sous la forme du tonnerre.

FOUDROYÉ
La foudre est si puissante qu'elle est capable de détruire un bâtiment ou de tuer sur le coup un homme ou un animal qui aurait la malchance d'en être frappé. Face à elle, les arbres sont particulièrement vulnérables, car les tissus humides situés sous son écorce sont conducteurs de l'électricité.

Nuage illuminé de l'intérieur par un éclair

COUPS DE FLASH DANS LES NUAGES
La foudre tombe quand un éclair se produit entre un nuage et la terre. Mais, au cours d'un orage, tous les éclairs ne touchent pas le sol ; la plupart se produisent à l'intérieur même du nuage. Un puissant courant électrique circule alors entre le sommet du nuage, chargé positivement, et sa base, chargée négativement. Les éclairs peuvent aussi avoir lieu entre deux nuages voisins.

LA GRÊLE COMME UNE ÉPÉE DE DAMOCLÈS

Une averse de grêle est toujours susceptible de causer de sérieux dommages. Celle qui s'abattit en juillet 1984 sur Munich, en Allemagne, fut l'une des plus destructrices : elle provoqua plus d'un milliard de marks de dégâts.

Les billes de glace qui constituent la grêle se forment au cours des orages. Les puissants courants ascendants les entraînent dans un mouvement de va-et-vient vertical à l'intérieur du nuage. À chaque déplacement vers le haut, les grêlons se couvrent d'une couche de glace supplémentaire, jusqu'à ce qu'ils deviennent trop gros pour rester en l'air. Bien sûr, plus le courant ascendant est puissant, plus l'averse de grêle sera sévère ; on a déjà vu des grêlons de plus de 700 g. Des glaçons de ce poids nécessitent un courant de plus de 150 km/h pour se constituer et représentent une réelle menace pour la vie des êtres qui sont en dessous.

Lutte contre la grêle dans les cultures de coton de la vallée de Fergana, en Russie

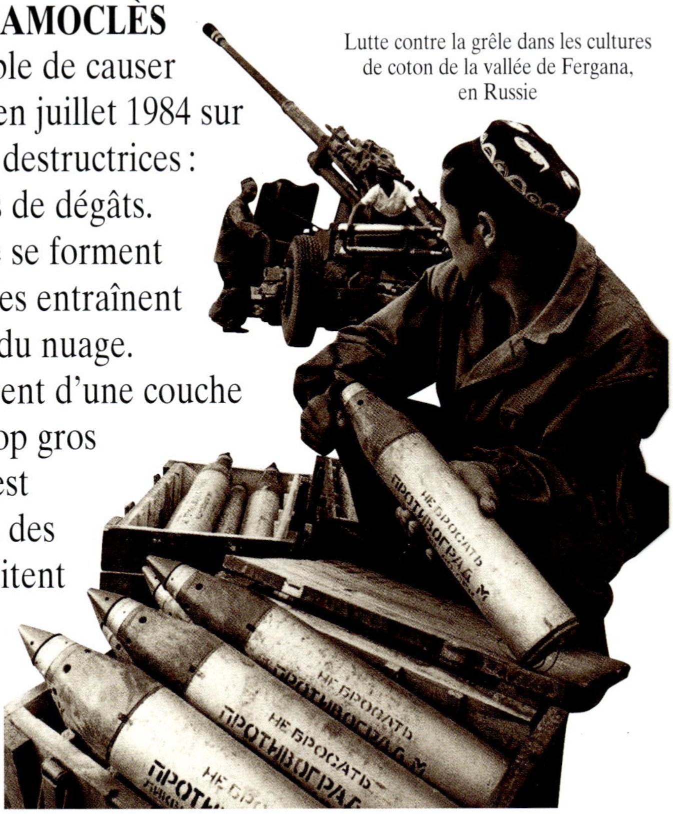

COUPS DE CANON DANS LES NUAGES OU COUPS D'ÉPÉE DANS L'EAU ?
Dans de nombreux pays, l'homme a cherché des moyens de protéger ses cultures de la grêle. Mais ce sont sans doute les Russes qui, dans ce domaine, ont été les plus actifs. En tirant des obus chargés de substances chimiques vers le ciel, ils sont parvenus à faire tomber en pluie des nuages représentant un hypothétique risque de grêle. Mais la méthode est lourde et compte tenu de la complexité des phénomènes climatiques, leurs résultats se sont avérés trop aléatoires. On peut, en outre, s'interroger sur l'innocuité des substances chimiques employées.

Maïs détruit par une forte grêle

LE FLÉAU DU CIEL
De vastes régions des Etats-Unis vivent sous la menace constante de la grêle. Une zone en particulier, qui s'étend du Texas au Montana et dénommée *Hail Alley* (le chemin des grêles), connaît régulièrement de redoutables averses qui ravagent les récoltes. Les agriculteurs exploitant ces terres dépensent des fortunes en assurance.

LOURDS SINISTRES
Les grêlons sont généralement de la taille d'un petit pois. Quand au terme de leur chute, ils touchent une surface dure, ils rebondissent, puis se stabilisent, formant un tapis de glace. La grosseur des grêlons est variable et, avec elle, leur pouvoir destructeur. Aux Etats-Unis, une tempête de grêle peut causer à elle seule plus de 800 millions de dollars de dégâts matériels, dont 300 millions de dommages aux cultures.

Véhicules pris sous une averse de grêle survenue au Texas, aux Etats-Unis, en mai 1977.

CONDUITE DANGEREUSE
Conduire par une forte tempête de grêle est très risqué, car les véhicules perdent facilement leur adhérence sur le tapis de glace qui se forme alors. L'importance des dégâts causés par les grêlons dépend de la vitesse du vent au cours de la tempête. Des grêlons d'un diamètre de 10 cm, tel celui qui a frappé ce pare-brise, chutent à des vitesses de l'ordre de 170 km/h.

Pare-brise cassé par un grêlon au cours d'une tempête en 1990, près de Burlington, dans le Colorado, aux Etats-Unis

RADIOGRAPHIE D'UN GRÊLON
Les grêlons sont constitués de couches de glace successives. Chaque couche représente une ascension dans le nuage dans lequel il s'est formé. Ce grêlon, l'un des plus gros jamais trouvés, présentait un diamètre de près de 19 cm et un poids de 766 g. On l'a coupé en deux et photographié sous une lumière polarisante afin de faire ressortir sa structure en couches.

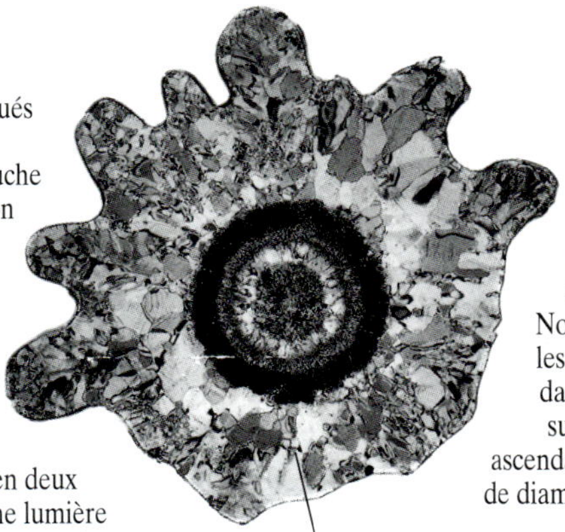

Grêlon vu en coupe

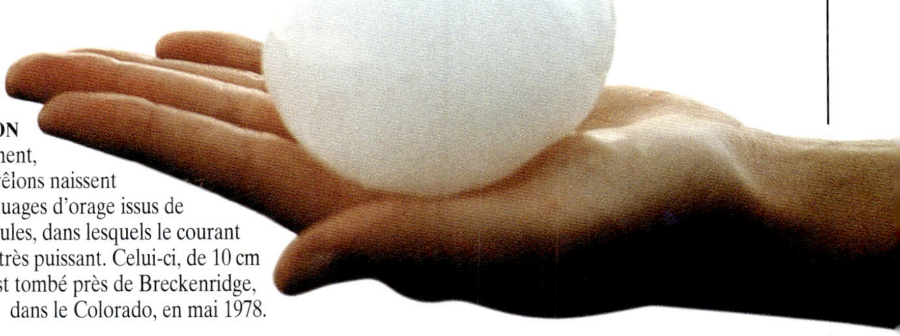

Ce grêlon est de la taille d'un pamplemousse.

GROS GLAÇON
Normalement, les gros grêlons naissent dans les nuages d'orage issus de supercellules, dans lesquels le courant ascendant est très puissant. Celui-ci, de 10 cm de diamètre, est tombé près de Breckenridge, dans le Colorado, en mai 1978.

Les conducteurs arrêtent leur véhicule sur le bas-côté et attendent que le danger soit passé.

ALERTE AUX CYCLONES

Le cyclone, ou plus précisément « cyclone tropical » pour les météorologues, est appelé ouragan dans les Antilles et typhon dans le Pacifique. Il s'agit d'une énorme tempête en rotation qui, avec des vents pouvant atteindre 350 km/h et des pluies diluviennes, déchaîne les océans et sème la dévastation sur des étendues immenses. Le phénomène prend naissance au-dessus des mers chaudes des tropiques, sous la forme d'une masse d'air surchauffé. Cette masse s'étale et s'élève, créant une zone de basses pressions. L'air situé autour se déplace alors vers cette zone pour compenser la dépression et se met à tourbillonner sous l'effet de la rotation terrestre. La prévision des cyclones n'est pas chose facile mais, grâce aux satellites météorologiques, on sait aujourd'hui les détecter quelques jours à l'avance.

DANS LE VENT
Les dégâts peuvent être réduits et des vies épargnées si l'alerte est donnée à temps. Ces fanions sont un moyen d'avertir de l'approche d'un cyclone.

LE CYCLE DU CYCLONE
Dans les régions du monde où peu de gens possèdent la radio ou la télévision, l'alerte est donnée d'autres manières. Ainsi, cet homme parcourt un village du Bangladesh à bicyclette avec un mégaphone pour annoncer le danger.

En 1940, un cyclone ravagea la ville d'Albany, dans l'Etat de Géorgie, aux Etats-Unis.

VENT DE PANIQUE
La force destructrice des cyclones tient à celle de leurs vents tourbillonnants. Plus la quantité d'air aspirée augmente, plus la vitesse des vents devient grande, en vertu du même phénomène qui permet à un patineur effectuant une toupie de tourner plus vite en ramenant ses bras contre son corps.

Baromètre anéroïde du XIXe siècle

SOUS PRESSION
Un baromètre indique la pression que le poids de l'air fait peser sur nous ; c'est ce que l'on appelle la pression atmosphérique. Dans un cyclone, cette pression est très basse. Ainsi, des changements de pression atmosphérique peuvent aider les météorologues à prévoir l'approche des tempêtes.

DE L'EAU QUE RIEN N'ARRÊTE
Au centre du cyclone, sous l'effet des basses pressions, le niveau de la mer s'élève parfois jusqu'à 3 m au-dessus de la normale. Ce gonflement des eaux, que les météorologues désignent sous le terme de « surcote de tempête », submerge de vastes zones côtières et occasionne la plupart des morts déplorées lors des cyclones.

Des villageois bangladais attendent le passage d'un cyclone.

Cette construction sur pilotis protégera les villageois des inondations entraînées par le cyclone.

UN ABRI SÛR
Un cyclone entraîne fréquemment des inondations qui sont dues aussi bien aux fortes pluies que, dans les régions côtières, à la force des vagues. Cet abri a donc été surélevé afin que l'eau puisse s'écouler en dessous. En outre, la construction est conçue pour résister à des vents violents.

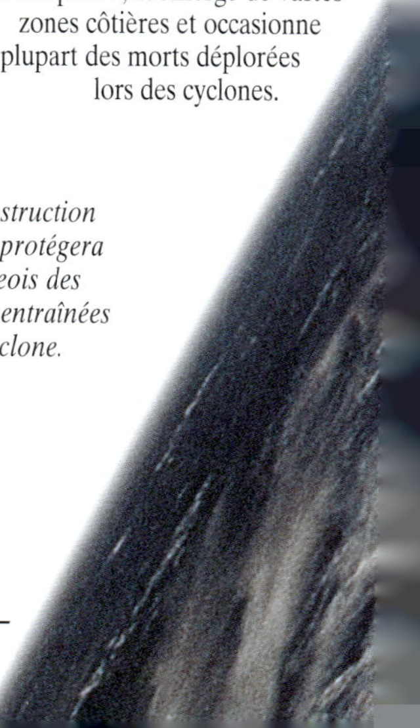

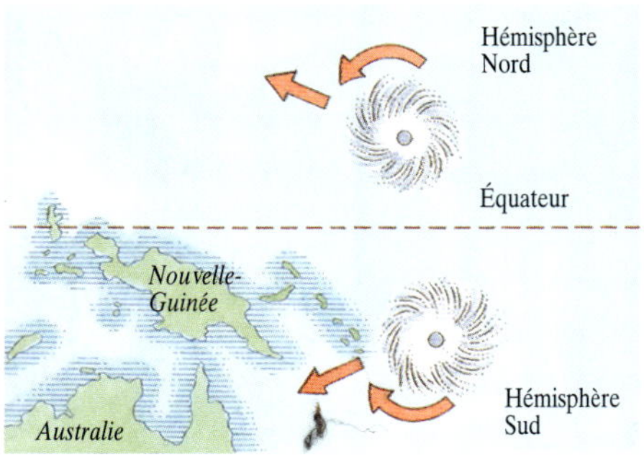

LA ROTATION DES CYCLONES
Des cyclones peuvent naître à tout moment sous les tropiques. Les vents, qui tourbillonnent autour du centre, effectuent leur rotation dans le sens des aiguilles d'une montre dans l'hémisphère Sud, et en sens inverse dans l'hémisphère Nord. Les cyclones se déplacent vers l'ouest en s'éloignant de l'équateur. Ils ne se produisent jamais sur l'équateur même.

DANS L'ŒIL DU CYCLONE
Les cyclones se forment là où la température de la mer est supérieure à 27 °C. Une zone de basses pressions, ou dépression, se forme et, dès que les vents soufflent à 62 km/h, elle est classée sous le nom de tempête tropicale. Lorsqu'ils atteignent la vitesse de 118 km/h, la tempête devient un cyclone tropical. Celui-ci va absorber environ deux milliards de tonnes d'eau de mer par jour sous forme de vapeur. Cette dernière se condense pour former des nuages, comme celui que l'on voit ci-contre. L'un des caractères surprenants d'un cyclone, c'est son œil, c'est-à-dire son centre. Les conditions météorologiques y sont très calmes, tandis que, tout autour, les éléments se déchaînent.

L'œil d'un cyclone peut atteindre 50 km de diamètre.

Vue par satellite du cyclone Emilia (1994)

DANS L'ENFER DES CYCLONES

Les régions du monde situées entre les tropiques sont particulièrement exposées aux cyclones. Celles qui sont distantes de plus de 2 500 km de l'équateur le sont beaucoup moins, car leurs eaux marines, plus froides, fournissent moins d'énergie aux masses d'air. Dans la zone sensible du globe, la côte sud-est de l'Amérique du Nord est souvent frappée, parce qu'elle se trouve sur le passage des ouragans qui, dans l'océan Atlantique, se forment juste au nord de l'équateur et se déplacent vers le nord-ouest. Les cyclones tropicaux sont accompagnés d'une surcote marine, c'est-à-dire un gonflement des eaux qui est responsable de la plupart des morts. Toutefois, ce sont les vents, très violents, qui occasionnent les plus importants dégâts matériels.

L'ouragan a détruit cette école de Galveston, mais les pupitres sont restés vissés au plancher.

UNE TRAGÉDIE AMÉRICAINE

L'un des ouragans les plus meurtriers que connurent les Etats-Unis frappa la ville côtière de Galveston, au Texas, en septembre 1900. Plus de 12 000 personnes trouvèrent la mort, 2 600 habitations furent détruites et près de 10 000 habitants se retrouvèrent sans abri. Une enceinte fut bâtie autour de la ville reconstruite. Elle l'a protégée efficacement de toutes les surcotes survenues depuis lors.

Les vents du cyclone David ont emporté cet avion et l'ont déposé sur le toit d'un hangar.

ATTERRISSAGE SUR LE TOIT

En août 1979, la République dominicaine a connu un ouragan particulièrement destructeur. Surnommé David, le cyclone souffla jusqu'à 277 km/h pendant deux semaines. Dans le même temps, les côtes des îles étaient submergées par d'énormes déferlantes qui tuèrent 1 300 personnes.

NAVIGATION DANS LE GOLF
La montée des eaux produite par le cyclone Hugo, en 1989, a emporté cette embarcation loin de son mouillage portuaire pour le déposer sur un terrain de golf. Hugo frappa d'abord la Guadeloupe et les îles Vierges, puis il traversa des zones marines chaudes où il puisa un regain d'énergie avant de s'abattre sur la Caroline du Sud, aux Etats-Unis.

Une toiture basse, plate et bien fixée, a permis à cette maison de résister tant bien que mal au passage du cyclone.

DANS LES DÉCOMBRES
En avril 1991, le cyclone 2B remonta la baie du Bengale et vint dévaster le Bangladesh. Les vents de 240 km/h réduisirent des milliers d'habitations à l'état de décombres, tandis qu'une terrible surcote de tempête de 6 m de haut emportait plus de 140000 personnes. Les populations furent d'autant plus rudement touchées que la plupart des Bangladais sont très pauvres et peu armés pour se relever de tels désastres.

LA FORCE DE L'EAU
De vastes régions des Etats-Unis furent inondées lors du passage de l'ouragan Floyd, en 1999. Tout cyclone s'accompagne, en son centre, d'un gonflement des eaux pouvant atteindre 3 m, à cause de la très forte dépression qui y règne. A l'approche des terres, il se mue parfois en déferlantes qui créent des inondations, ravagent les cultures et tuent les gens.

ÉPARGNÉ PAR LES ÉLÉMENTS
En août 1992, l'ouragan Andrew ravagea une partie des Bahamas, de la Louisiane et de la Floride, aux Etats-Unis. Il fit 52 morts et près de 22 milliards de dollars de dégâts. Il dévasta plusieurs villes et laissa de nombreuses personnes sans abri. Le bienheureux occupant de cette maison, en Floride, afficha sa fierté d'avoir échappé à la tempête : « J'ai survécu, Andrew », a-t-il peint en gros sur sa toiture.

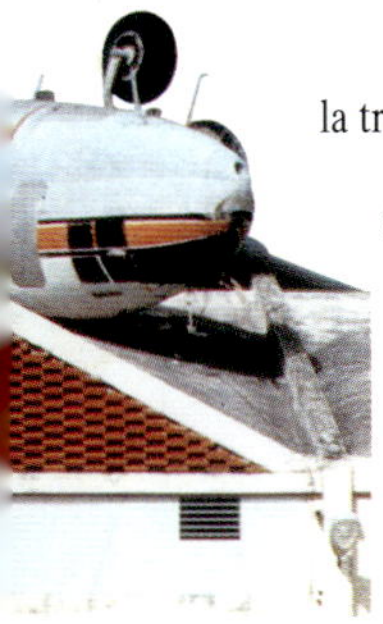

UNE CATASTROPHE INATTENDUE
A la fin du mois de décembre 1974, le typhon Tracy se forma à 500 km au nord-est des côtes australiennes. Le centre de surveillance des cyclones suivit la perturbation, dont la trajectoire semblait éviter les terres. Contre toute attente, dans les premières heures du jour de Noël, elle modifia sa course et se rapprocha de la ville de Darwin. Environ 90% des bâtiments de l'agglomération furent détruits, laissant 40000 personnes sans abri. Mais un pays riche comme l'Australie est mieux armé que d'autres pour réagir aux catastrophes naturelles : une semaine après le désastre, plus de 20000 personnes avaient été déplacées par avion vers d'autres régions.

DU BROUILLARD AU « SMOG »

Quand la température s'abaisse alors que l'air est saturé d'humidité, le brouillard apparaît. Ce n'est rien d'autre qu'un nuage au niveau du sol, constitué de minuscules et innombrables gouttelettes en suspension. La lumière qui les traverse est déviée dans toutes les directions, ce qui les rend translucides. De fait, dans un brouillard épais, la visibilité peut être réduite à quelques mètres, et circuler devient dangereux, que ce soit sur route, sur mer ou dans les airs. L'emploi de cornes de brume et de radars contribue à localiser les bateaux et les avions et aide les navigateurs à arriver à bon port. Mais on ne peut guère faire plus et le brouillard coûte des fortunes aux compagnies aériennes, parce qu'il oblige à fermer des aéroports. Lorsque les fumées des villes se mêlent au brouillard, il en résulte un épais mélange toxique : le *smog*.

Ce bobby *porte un masque protecteur.*

PURÉE DE POIS TOXIQUE

Jusque dans les années 1960, la ville de Londres, capitale du Royaume-Uni, connaissait des *smogs* très fréquents et épais, dus à la combustion du charbon. Surnommés « purées de pois », ils entraînaient de graves problèmes respiratoires, parfois fatals. Les Clean Air Acts, des décrets de 1956 et 1968, mirent fin au problème. Ils obligeaient chacun à utiliser des carburants « sans fumée ».

PISTE DÉGAGÉE

Pendant la Seconde Guerre mondiale, pour dissiper le brouillard sur les aérodromes, on brûlait d'énormes quantités de kérosène, dont la chaleur transformait les gouttelettes de brouillard en vapeur invisible. Ce système efficace est rarement employé de nos jours, à cause de son coût et du danger qu'il comporte.

Allumage d'un dissipateur de brouillard

PIÈGES À EAU

Pour les habitants de Chungungo, au Chili, les brouillards fréquents sont une bénédiction. De longues barrières en plastique, installées sur les hauteurs qui entourent le village, captent l'eau des brouillards venus de la mer. Chungungo étant situé dans une région très aride, l'eau ainsi récoltée assure la plupart des besoins des résidents.

Un brouillard sulfureux plane sur Christchurch, en Nouvelle-Zélande.

VERS UN AIR PLUS PROPRE

Des *smogs* sulfureux se forment au-dessus de nombreuses villes du monde. Ils se produisent lorsque les émanations de la combustion des carburants se combinent avec le brouillard. Les jours où le temps est calme, ils peuvent stagner pendant plusieurs heures, mettant en danger la santé et perturbant la circulation. Les *smogs* sulfureux se font plus rares aujourd'hui, grâce à l'emploi de carburants plus propres. Mais il en est d'autres aussi dangereux, tel le « *smog* photochimique », dû à l'action des rayons solaires sur les polluants atmosphériques.

Gaz sous pression

La corne émet un son très puissant.

NAVIGATION À L'OREILLE
Les brouillards épais se révèlent très dangereux pour les navigateurs. En libérant son gaz, cette corne émet un son qui porte très loin à travers la brume. Elle permet aux navires de déceler la présence d'autres bâtiments qu'ils ne peuvent voir et d'éviter les collisions. Les grands bateaux sont pourvus de cornes de brume assourdissantes, qui s'entendent à des kilomètres.

SÉCURITÉ MARITIME
Avant le radar, les marins n'avaient aucun moyen de se diriger sûrement dans un épais brouillard. La lumière des phares – ici, celui de George Washington Bridge, à New York –, très utile la nuit pour guider les navires à l'écart des rochers et des hauts-fonds, ne porte pas à travers la brume. C'est pourquoi il existe des cornes de brume.

Le Goldengate Bridge perdu dans la brume, dans la baie de San Francisco.

LES BRUMES DE LA CÔTE OUEST
San Francisco, en Californie, est parfois surnommée « la ville des brumes ». En effet, elle est célèbre pour ses brouillards estivaux, qui se forment quand l'air chaud et humide rencontre les eaux froides de courants marins venus du sud, qui pénètrent dans la baie de San Francisco. Ce brouillard froid se lève généralement vers midi.

QUAND LES OCÉANS SE DÉCHAÎNENT

Les océans couvrent près des trois quarts de notre planète. Constamment, des vents forts en agitent la surface, produisant des vagues qui vont se briser le long des côtes. Au cours des plus grosses tempêtes, en particulier lors des cyclones, les eaux marines provoquent des inondations parfois très étendues. En outre, de nombreux scientifiques redoutent aujourd'hui que le réchauffement global ne favorise la fonte des calottes polaires, entraînant une élévation générale du niveau de la mer. Si ce phénomène devait se produire, il ne ferait qu'amplifier, sur de nombreuses côtes, les menaces en cas de tempêtes survenant à marée haute. Et le danger ne se manifeste pas seulement à terre ; les navires en mer peuvent aussi sombrer par gros temps.

RÉCUPÉRATION EN MER
Par très gros temps, des vagues dangereuses peuvent faire couler un navire ou l'échouer. Les secours héliportés permettent de venir en aide aux rescapés. L'hélicoptère effectue des vols stationnaires au-dessus de l'eau, tandis que des sauveteurs hélitreuillés vont récupérer les naufragés.

Un sauveteur est hélitreuillé.

TRAVAIL DE SAPE
Les déferlantes érodent les côtes. Elles attaquent les roches et brisent des pans de falaises. Plus la mer est démontée et son niveau élevé, plus l'usure est forte. Si le réchauffement global se poursuit, le niveau marin s'élèvera, augmentant la vitesse de l'érosion et les risques d'inondations.

Route côtière effondrée par l'érosion due aux vagues.

COMMENT ARRÊTER LES EAUX
La barrière de la Tamise, en Grande-Bretagne, est là pour protéger la capitale anglaise des crues jusqu'en 2050 au moins. En effet, avec l'élévation du niveau de la mer, augmente le risque d'inondations dans le sud de l'Angleterre. La Barrière est constituée de dix énormes portes relevables en cas de gonflement subit du niveau de la mer, qui empêcheraient l'eau de remonter le fleuve jusqu'à Londres.

LES TSUNAMIS : UN CAS À PART
Une énorme vague appelée tsunami, ou raz-de-marée, a provoqué d'importants dégâts sur l'Île d'Okushiri, au Japon. Les tsunamis ne sont pas des phénomènes météorologiques : ils sont dus aux vibrations produites par des tremblements de terre sous-marins.

LA MER MONTE ET SE DÉMONTE
Quand l'ouragan Hugo frappa les Antilles et le sud-est des Etats-Unis, en 1989, il provoqua une élévation de 2 m du niveau de la mer, donnant des vagues de 6 m quand celles-ci étaient canalisées par les vallées côtières qu'elles remontaient. Ce gonflement brutal des eaux, ou surcote, qui accompagne les cyclones est dû à la très forte dépression qui règne en leur centre.

UN MUR D'EAU

Une vague se forme lorsque le vent souffle à la surface de la mer ; il pousse des masses d'eau qui acquièrent un mouvement ondulatoire fait de crêtes et de creux. A l'approche des côtes, la réduction progressive de la profondeur ralentit la base de la vague tandis que la crête garde sa vitesse ; elle se met alors à déferler. Quand la mer est très forte, d'énormes vagues comme celle-ci se forment et viennent s'écraser sur les plages avec fracas.

Cette énorme vague est sur le point de déferler.

GEL, NEIGE ET BLIZZARD : L'OFFENSIVE DU FROID

Le très grand froid met en danger la vie des hommes et des animaux. Dans les nuages, la vapeur d'eau gèle autour d'infimes particules minérales en suspension, formant des cristaux de neige. Ces derniers s'amassent en flocons, qui se mettent à tomber. S'ils se déposent par une température inférieure à 0 °C, la neige s'amasse peu à peu. De fortes chutes peuvent ainsi rendre les routes impraticables et ensevelir les maisons. La neige associée à un vent glacial donne le blizzard, qui réduit considérablement la visibilité, forme des congères et rend la circulation automobile particulièrement dangereuse. Quant à la glace, elle se forme lorsque l'eau contenue dans l'air gèle pour former des brouillards givrants au niveau du sol. Tout se couvre alors d'une couche glacée, parfois si épaisse que des arbres peuvent s'abattre sous son poids.

UN HIVER RUDE
Dans le Derbyshire, en Angleterre, la neige s'est amassée en congères le long des habitations, rendant les accès aux portes d'entrée difficilement praticables. Les congères se forment lorsque la neige emportée par le vent est arrêtée par un obstacle.

PERDUS DANS LE BLIZZARD
Si le blizzard est plus fréquent dans le Grand Nord, il arrive qu'il se forme sous des latitudes plus basses. Cette photographie a été prise près de Caen, en France, lors d'une tempête au cours de laquelle une personne mourut de froid. Le blizzard oblige les automobilistes à arrêter leurs véhicules. S'ils y restent enfermés, les secours les retrouvent plus facilement. Pourtant, en sortant, ils peuvent aussi trouver refuge dans des maisons ou autres constructions proches.

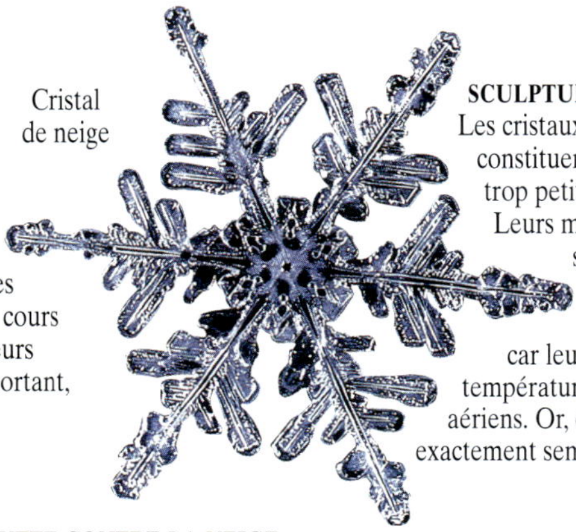

Cristal de neige

SCULPTURES DE GLACE
Les cristaux de glace qui, amalgamés, constituent les flocons de neige sont trop petits pour être visibles à l'œil nu. Leurs magnifiques formes symétriques sont toutefois observables au microscope. Il n'existe pas deux cristaux identiques car leur formation dépend de la température, de l'humidité et des courants aériens. Or, ces conditions ne sont jamais exactement semblables d'un cristal à un autre.

Chasse-neige dégageant une route

LA LUTTE CONTRE LA NEIGE
L'hiver, dans les régions froides, chasse-neige et camions de sablage maintiennent ouvertes les voies de circulation. Les conducteurs munissent leurs roues de chaînes pour en accroître l'adhérence. Mais dans les régions peu préparées, une tempête soudaine peut créer le désordre et nombre d'accidents.

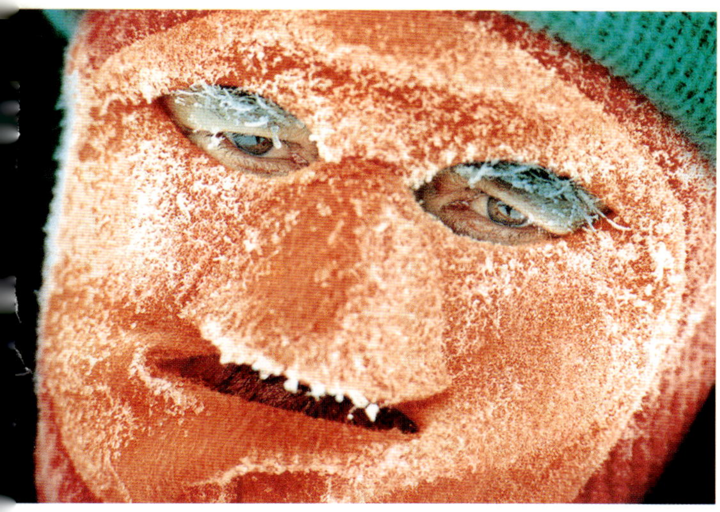

UN FROID POLAIRE
La cagoule de cet homme s'est couverte de glace tandis qu'il dégageait sa porte d'entrée, à Milwaukee, dans le Wisconsin, aux Etats-Unis. En décembre 1995, la température chuta jusqu'à – 35 °C ; mais sous l'effet du vent, on l'aurait crue de – 70 °C. Lorsque le vent souffle, en effet, la chaleur corporelle diffuse plus vite dans l'air froid. Cela donne l'impression que la température est plus basse qu'elle ne l'est en réalité. Dans ce cas, le meilleur moyen de conserver sa chaleur et d'éviter les engelures consiste à accumuler plusieurs couches de vêtements et à recouvrir le plus possible de parties du corps.

LE MOUVEMENT ARRÊTÉ
Les chandelles de glace apparaissent au bord des toits, des corniches ou le long des branches, lorsque la température oscille de part et d'autre de 0 °C, permettant pour un temps à l'eau de se liquéfier. Comme les stalactites, auxquelles elles ressemblent, elles grandissent à mesure que les gouttes qui s'écoulent sur elles déposent une partie de leur eau, qui regèle à ce contact.

Chandelles de glace

BIEN AU CHAUD CHEZ SOI
Le froid intense paralyse l'activité des écoles et des entreprises et oblige les gens à rester chez eux, au chaud et en sécurité. Quand cela se produit, les avions se voient souvent dans l'impossibilité de décoller à cause de la glace déposée sur leurs ailes et les automobiles sont immobilisées par la croûte glacée qui les recouvre. C'est ce qui est arrivé à celle-ci, dans le nord-est du Canada, lors d'un rude hiver au cours duquel la température tomba à – 29 °C. Des arbres s'abattirent sous la glace et le bétail mourut par dizaines de milliers de têtes.

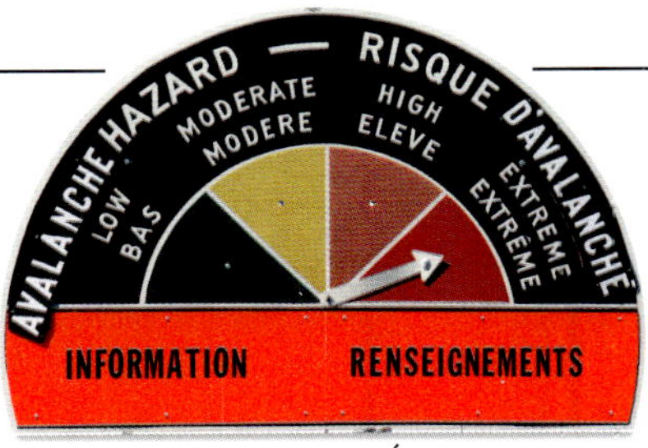

SIGNALISATION PRÉVENTIVE
La plupart des stations de sports d'hiver ont installé une signalisation pour alerter le public en cas de menace d'avalanche. Bien qu'il soit difficile de prédire exactement à quel moment elle risque de se déclencher, les experts savent, en examinant la structure de l'enneigement, déterminer les risques.

Cette fissure indique qu'une plaque d'avalanche commence à se détacher.

SIGNES AVANT-COUREURS
La plupart des avalanches se produisent lorsque la neige qui commence à fondre se détache en vastes plaques de la roche en dessous. Quand une plaque commence à bouger, de larges fissures apparaissent dans le manteau neigeux. Elles se forment le plus souvent sur les pentes présentant des saillies ou des corniches.

SOUS LA MENACE DES AVALANCHES

Il n'est pas rare, en montagne, que d'énormes masses de neige se détachent et se mettent à dévaler une pente. Une avalanche de grande ampleur ensevelit tout sur son passage : hommes, bâtiments, véhicules… Le phénomène se produit lorsque la neige est tombée en abondance. Au fur et à mesure des chutes, elle s'amasse par couches successives. Quand celles-ci deviennent instables, le glissement peut être déclenché par des vents forts, un changement de température ou de simples vibrations. Les Alpes suisses, où les skieurs viennent nombreux, sont particulièrement concernées : quelque 10 000 avalanches y surviennent chaque année. Des barrières sont installées sur certaines pentes pour protéger une route ou un village, mais il est difficile d'arrêter des milliers de tonnes de neige qui dévalent la montagne. Lorsque survient la catastrophe, l'important est de pouvoir secourir très rapidement les personnes ensevelies.

POUR CIRCULER À L'ABRI
Généralement, des abris sont construits là où les routes principales croisent des couloirs d'avalanche. Ils permettent à la neige qui dévale les pentes de passer par-dessus les voies. Sans eux, certaines routes seraient coupées une grande partie de l'année.

En Suisse, des barrières d'avalanche protègent les villages.

POUR BRISER L'AVALANCHE
Les forêts à flanc de montagne absorbent en partie l'énergie de la neige en mouvement. Malheureusement, l'exploitation forestière, les pluies acides et l'augmentation du tourisme ont fortement réduit leur présence. Des barrières artificielles en bois, en béton ou en métal garantissent une protection comparable.

À COUPS D'EXPLOSIFS
Lorsqu'une masse de neige est sur le point de se détacher, la moindre vibration peut la mettre en mouvement. La meilleure défense contre une telle menace est de déclencher l'avalanche avant qu'une trop grande quantité de neige ne se soit accumulée. Dans les secteurs à haut risque, des patrouilles dites d'avalanche utilisent des explosifs pour les provoquer.

Un expert contrôle la stabilité des couches de neige.

SURVEILLANCE RAPPROCHÉE
Dans les zones à risque, des spécialistes surveillent la stabilité du manteau neigeux. Ils y creusent des trous pour examiner l'état des couches. Une avalanche est susceptible de se produire lorsque l'une des couches contient de l'air ou quand elle est composée de *graupel*, des billes de glace qui, en roulant les unes sur les autres, provoquent souvent le glissement des plaques qui les recouvrent.

CHUTE DE NEIGE
Dans une chute vertigineuse sur le pic de Denali, en Alaska, des tonnes de neige s'effondrent sur la vallée. Les avalanches de poudreuse comme celle-ci, en partie aériennes, se produisent peu après une chute de neige. Elles s'écoulent comme de l'eau, s'écrasant en vastes flaques sur le plancher de la vallée. Dévalant à grande vitesse, la masse neigeuse étouffe tout sur son passage et comprime l'air devant elle en émettant de puissantes vibrations sonores.

Chien d'avalanche à la recherche de survivants dans les Alpes suisses

RECHERCHE AU PIF
Des chiens spécialement entraînés aident les sauveteurs à localiser les personnes ensevelies sous la neige. Grâce à leur odorat très développé, ils restent plus efficaces que n'importe quel détecteur électronique. Le saint-bernard, la race la plus renommée dans cette tâche, doit son nom à un saint qui, au XIe siècle, fonda, dans les Alpes, un hospice pour recueillir les voyageurs en perdition.

INONDATIONS ET GLISSEMENTS DE TERRAIN

Plus d'un tiers des morts lors de catastrophes naturelles sont dues aux inondations. Une crue soudaine peut survenir lors d'une forte averse : les rivières sortent de leur lit et les réseaux d'évacuation ne parviennent plus à résorber l'eau en surplus. Les dégâts, parfois importants, restent localisés. Mais il existe des inondations de bien plus grande ampleur, résultant de l'accumulation de semaines de précipitations (ce fut le cas en France, à la fin décembre 1999). Elles sont fréquentes dans le sous-continent indien, où la mousson apporte chaque été des pluies torrentielles. Celles-là sont dévastatrices ; des constructions sont détruites, des gens meurent noyés. Lorsque des pluies diluviennes se combinent à de grandes marées et des vents violents, les populations du littoral sont particulièrement menacées. En outre, une terre gorgée d'eau devient instable et sujette aux glissements de terrain.

LES ÉLUS DE DIEU
La Bible nous dit que Dieu, fâché du comportement des hommes, décida, pour les punir, de les anéantir par un déluge qui durerait quarante jours. Toutefois, il épargna Noé. Il lui enseigna comment construire une arche et lui ordonna d'y embarquer avec sa famille et un couple de chacune des espèces animales vivant sur Terre, afin de repeupler le monde après le déluge.

Dommages provoqués par la rupture du barrage de Johnstown

RUPTURE DE BARRAGE
Le 31 mai 1889, après une forte pluie, un barrage se rompit près de Johnstown, dans l'Etat de Pennsylvanie, aux Etats-Unis. Des milliers de tonnes d'eau dévalèrent vers la ville, dont la partie nord fut balayée. 2209 personnes trouvèrent la mort.

UNE RÉCOLTE À L'EAU
A Java, en Indonésie, les pluies de mousson sont, en général, bénéfiques. Sans elles, les indispensables cultures de riz n'existeraient pas. Mais il arrive que des précipitations particulièrement abondantes provoquent des inondations, mettant en danger vies humaines et récoltes.

Un fermier javanais tente désespérément de sauver une rizière d'une inondation charriant des débris volcaniques.

CRUE MORTELLE
Pendant la mousson, le Gange, dans le sud de l'Asie, sort fréquemment de son lit. La crue de juillet et août 1998 fut la plus forte depuis vingt ans et submergea jusqu'aux deux tiers du Bangladesh. Près de 1500 personnes trouvèrent la mort. Certaines se noyèrent, mais la plupart moururent de morsures de serpents ou de maladies véhiculées par l'eau, parce que les secours médicaux ne parvinrent pas à les atteindre.

UNE RIVIÈRE DE BOUE
En mai 1998, les habitants de Quindici, en Italie, fuient leurs maisons après deux jours de pluies torrentielles. La rivière locale ayant rompu ses berges, l'eau boueuse se répandit dans la ville. La crue fit plus de 3 000 sans-abri et tua une cinquantaine de personnes, dont la plupart furent enfouies sous une épaisse couche de boue. Les opérations de nettoyage prirent plus de trois mois.

Dégâts d'un glissement de terrain de 30 m sur un talus argileux

RIEN N'ARRÊTE L'EAU
En 1991, au passage de l'ouragan Andrew sur la Floride, aux Etats-Unis, l'eau brise les vitres et s'engouffre dans une maison du littoral. Les cyclones s'accompagnent toujours de vents violents et d'une montée du niveau de la mer (surcote) provoquée par la chute de la pression atmosphérique au cœur de la perturbation.

TERRAIN GLISSANT
Lorsque de l'eau et une terre instable se mêlent sur une pente, la gravité entraîne la boue vers le bas et, avec elle, tout ce qui se trouve sur son passage. C'est ce qui est arrivé en juin 1993 à cet hôtel de la station balnéaire de Scarborough, en Angleterre, dont une partie a été emportée par le glissement de terrain.

LE SALUT DANS LA FUITE
Pris dans un cyclone, ces habitants des Keys de Floride fuient vers un refuge. Cette photographie a été prise lors du passage de l'ouragan George, en 1998. Les hommes durent lutter contre des vents de 140 km/h et la montée des eaux de l'Océan. Quand la perturbation atteignit la Floride, les inondations avaient déjà tué des centaines de personnes et frappé des milliers d'autres dans les Caraïbes.

Maison retournée par les puissants vents cycloniques

MORTELLES SÉCHERESSES

Hormis les déserts, où règne une aridité permanente, toute région souffrant de précipitations plus faibles que la normale se trouve en état de sécheresse. Dans les cas extrêmes, les cours d'eau et les lacs se vident, la terre se dessèche, les récoltes sont compromises et la faune meurt. Une telle situation peut mener des populations entières à la famine. Bien sûr, au cours du XXe siècle, les progrès techniques et médicaux ont permis aux organismes humanitaires d'atténuer les effets du manque d'eau. On a aussi essayé de fabriquer des nuages de pluie, mais sans grand succès. Et durant les années 1980, une terrible sécheresse faisait encore de nombreux morts en Éthiopie. Ce phénomène naturel est parfois lié aux activités humaines. Ainsi, dans les années 1930, une vaste région des États-Unis se mua en semi-désert à cause de la surexploitation agricole.

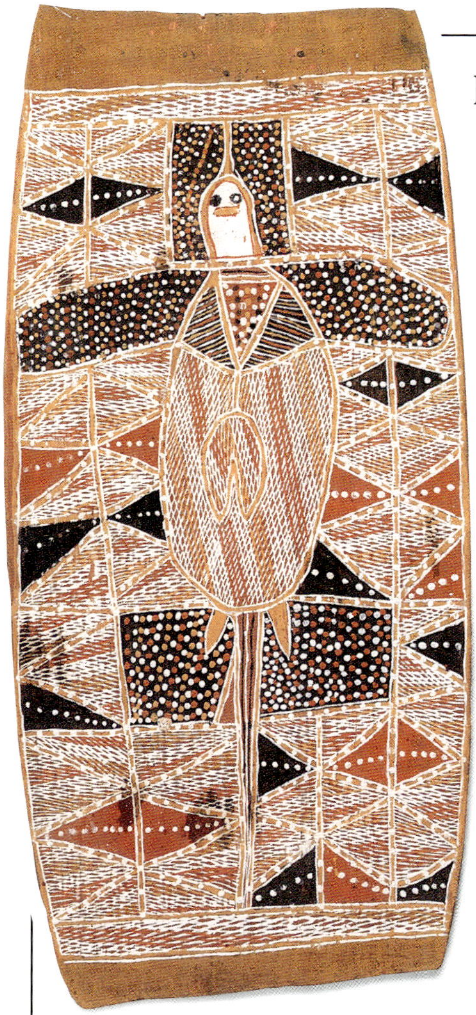

CROYANCES CHAMANIQUES
Cette peinture sur écorce vient d'Arnhem Land, une région chaude et sèche du nord de l'Australie. Les aborigènes s'en servaient lors de cérémonies pour faire pleuvoir ; la représentation d'une raie au centre symbolise les puissances de l'eau qui appellent la pluie.

LA PEAU ET LES OS
Les carcasses d'animaux sont un spectacle courant en période de grande sécheresse. Lorsqu'il est complètement sec, un cadavre ne pourrit pas. Ce malheureux animal sera probablement recouvert par le sable avant d'avoir pu se décomposer.

En Namibie, en Afrique, ces animaux se rassemblent autour d'un point d'eau.

QUAND LES RÉSERVES S'APPAUVRISSENT
Sous les climats secs, les animaux se rassemblent souvent autour des rares points d'eau. En période de sécheresse, ces derniers se vident plus vite qu'ils ne sont remplis par les pluies, sous l'effet de l'évaporation et de ce que boivent les bêtes. Les végétaux sont également moins nombreux, de sorte que le potentiel alimentaire d'une région en est réduit d'autant. A tel point que des millions d'animaux peuvent mourir au cours d'une grave sécheresse.

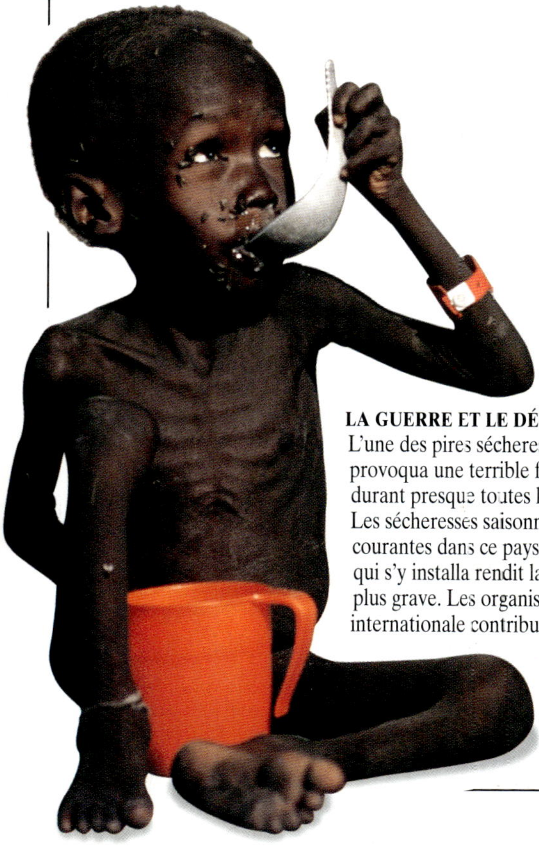

LA GUERRE ET LE DÉNUEMENT
L'une des pires sécheresses de notre époque provoqua une terrible famine en Ethiopie durant presque toutes les années 1980. Les sécheresses saisonnières sont assez courantes dans ce pays, mais la guerre civile qui s'y installa rendit la situation beaucoup plus grave. Les organismes de l'aide internationale contribuèrent à sauver de nombreuses vies, mais la mort frappa plus de 1,5 million de personnes.

LA PART DU FEU
La sécheresse favorise également les feux de forêts. Les feuilles et le bois secs brûlent bien. La plupart des incendies sont d'origine naturelle. Néanmoins, dans les régions baignées de soleil, un geste négligent, comme jeter une allumette ou un mégot mal éteint, en est souvent la cause. Heureusement, certains arbres ont une écorce qui résiste au feu ou qui tombe quand elle s'enflamme. Il est même des essences de conifères dont les graines ne germent qu'une fois les cônes brûlés par un incendie.

NUAGE DE SABLE
La plupart des déserts sont recouverts de sable ou d'une terre sableuse aride. Quand il souffle, le vent en soulève les particules, ce qui est désagréable, voire dangereux pour l'homme et les animaux. Les dunes, qui font partie des paysages désertiques, naissent de ces vents de sable.

FEUILLES SUCCULENTES
Le faux dragonnier se rencontre dans les régions sèches du sud-ouest de l'Afrique. Il peut survivre à plusieurs années d'aridité, durant lesquelles ses feuilles rétrécissent à mesure qu'elles perdent leur humidité.

SOUFFLE NOIR
Dans les années 1930, les Grandes Plaines du Middle West américain subirent une longue sécheresse. L'herbe qui, normalement, protège les champs, avait été retournée par les labours. La couche arable se transforma en poussière qui fut emportée en énormes nuages noirs. Des milliers d'exploitants durent quitter leurs fermes. Certains moururent de faim ou de maladies respiratoires pour avoir inspiré de la poussière.

DÉSAGRÉGATION
L'humidité contribue à maintenir agrégées les particules de terre ; lorsqu'il fait sec, la boue se craquelle, devient cassante et vire à la poussière. Or, les plantes font office de réserve d'eau et leur présence atténue l'action des vents, qui accélèrent l'évaporation de l'eau du sol. C'est pourquoi les terrains dépourvus de végétation souffrent très vite de la sécheresse.

Le lac Naivasha, au Kenya, en Afrique, s'est asséché et vite craquelé.

DU GRAND NORD AU GRAND SUD

Aux pôles, il gèle toute l'année. De toutes les régions de la planète, ce sont en effet celles que le soleil réchauffe le moins. L'Arctique, autour du pôle Nord, ne présente aucune terre émergée, mais une épaisse banquise. En revanche, l'Antarctique, autour du pôle Sud, est un vrai continent couvert d'une épaisse calotte de glace. Des vents glacials y soufflent avec force, notamment le long des pentes abruptes qui bordent les vallées et les côtes. Ils emportent la neige, formant des blizzards aveuglants. Au cours des longs et sombres hivers polaires, les températures s'élèvent rarement au-dessus de – 40 °C. Ces régions inhospitalières jouent un rôle important dans l'équilibre climatique planétaire. Par exemple, les eaux marines des pôles voyagent vers l'équateur sous la forme de courants froids profonds, qui affectent le temps dans de nombreuses parties du monde.

Un brise-glace ouvre un passage sur le Saint-Laurent, au Canada.

SAVOIR BRISER LA GLACE
Contrairement à l'eau douce, l'eau de mer gèle à quelques degrés en dessous de 0 °C. Durant l'hiver, dans les régions polaires, lorsque la glace recouvre la mer, il importe de maintenir des passages ouverts à la navigation. C'est le rôle des navires brise-glace, qui transportent aussi des marchandises et font office de stations de recherche.

STATION DES GLACES
Des scientifiques du monde entier fréquentent cette base de recherche en Antarctique. Durant l'été austral, près de 4000 personnes occupent ainsi les 42 bases polaires installées là-bas. Moins de 1000 y restent en hiver. L'étude du climat aux pôles permet aux chercheurs de comprendre plus exactement les systèmes climatiques terrestres.

PROTECTION OCULAIRE
Des lunettes protègent les yeux de la lumière du soleil, réverbérée et amplifiée par la neige. Elles évitent aussi les déperditions de chaleur.

Le rouge vif ressort bien sur la glace et dans le blizzard.

Poignets élastiqués empêchant le vent froid de pénétrer

Salopette

DES PIEDS BIEN PROTÉGÉS
Les chaussures d'alpinisme s'adaptent facilement aux terrains gelés. Une doublure thermique contribue à conserver la chaleur corporelle et des crampons s'adaptent aux semelles pour améliorer l'adhérence. Le pantalon vient s'attacher à la tige pour couvrir les chevilles.

Coque en plastique, robuste

Les crampons permettent de marcher sur la glace.

RELEVÉS MÉTÉO
Des stations météorologiques automatiques sont installées dans les régions polaires. Prévoir le temps est, en effet, important pour la sécurité des scientifiques qui vivent et travaillent dans cet environnement hostile.

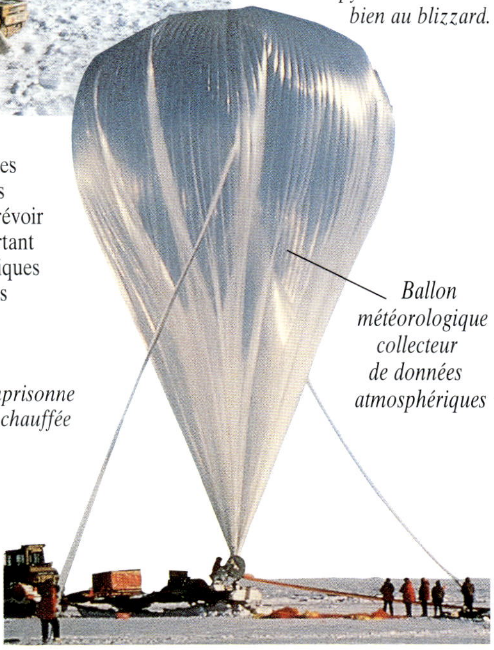

Ballon météorologique collecteur de données atmosphériques

POUR EXPLORER L'ATMOSPHÈRE
Ce ballon-sonde est chargé d'instruments qui vont mesurer la concentration des gaz dans l'atmosphère de l'Antarctique et la température en altitude. Ces relevés aideront peut-être les chercheurs à compléter leurs théories météorologiques et à réaliser des prévisions plus précises.

HISSER LES COULEURS
La neige qui tombe ou qui est emportée par le blizzard peut ensevelir le matériel. Aussi, certains plantent des drapeaux colorés afin de pouvoir facilement retrouver leurs installations après une tempête.

Une tente pyramidale résiste bien au blizzard.

En Antarctique, ces chercheurs s'aident d'une foreuse pour prélever des échantillons de glace marine.

GELÉS DANS LE TEMPS
L'essentiel de la glace qui compose les calottes polaires est gelée depuis des milliers ou des millions d'années. Elle emprisonne ainsi et préserve les éléments qui se trouvaient autour d'elle au moment de sa formation, notamment l'air, les pollens, les micro-organismes, la poussière des volcans et des comètes. L'étude d'échantillons de glace ancienne renseigne les chercheurs sur la nature du climat qui régnait à ces époques.

Le sous-vêtement emprisonne une couche d'air chauffée par le corps.

Combinaison externe en Nylon étanche rembourrée de duvet d'oie

EMMITOUFLÉS
Les explorateurs des pôles portent des vêtements conçus pour les grands froids. La façon la plus sûre d'économiser la chaleur consiste à empiler les couches, les vestes et salopettes étanches étant elles-mêmes constituées de plusieurs couches de différents matériaux. Il importe de couvrir le maximum de surface corporelle, la moindre partie de peau nue favorisant une forte déperdition calorique.

MAINS AU CHAUD
Sous les climats polaires, il faut se couvrir les mains de plusieurs paires de gants. En effet, les extrémités sont les plus exposées aux gelures, car l'organisme réduit leur irrigation afin d'économiser la chaleur.

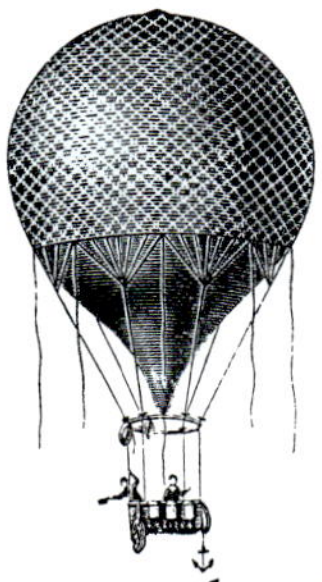

LA SURVEILLANCE MÉTÉOROLOGIQUE

De nos jours, grâce aux satellites météorologiques, il est possible d'épargner des vies humaines en prévenant les populations de l'imminence d'un cyclone. D'autres types de phénomènes climatiques, tels que les sécheresses ou les orages localisés, sont difficiles à anticiper depuis l'espace. Leur prévision nécessite des mesures au sol : vitesse des vents, températures, pressions atmosphériques. Les données sont relevées par toutes sortes d'instruments répartis dans le monde entier, à terre et sur les océans. Les météorologues utilisent de puissants ordinateurs pour les analyser et en déduire, quelques jours à l'avance, l'évolution probable du temps. Ainsi, lorsqu'une perturbation s'annonce, les médias peuvent donner l'alerte dans les régions concernées. Mais il reste difficile de prévoir avec exactitude l'apparition de phénomènes très brefs, comme les tornades, ou très longs, comme les sécheresses.

LES YEUX DE L'ESPACE
Les satellites géostationnaires comme *Meteosat 4* (ci-contre) flottent dans l'espace à environ 36000 km au-dessus de l'équateur. De jour comme de nuit, ils enregistrent les températures atmosphériques et l'évolution des masses nuageuses d'une région donnée du globe.

Des cellules solaires fournissent l'énergie dont le satellite a besoin.

Le radar restitue une image claire des masses nuageuses et des précipitations.

Le nez de l'appareil embarque thermomètres et hygromètres.

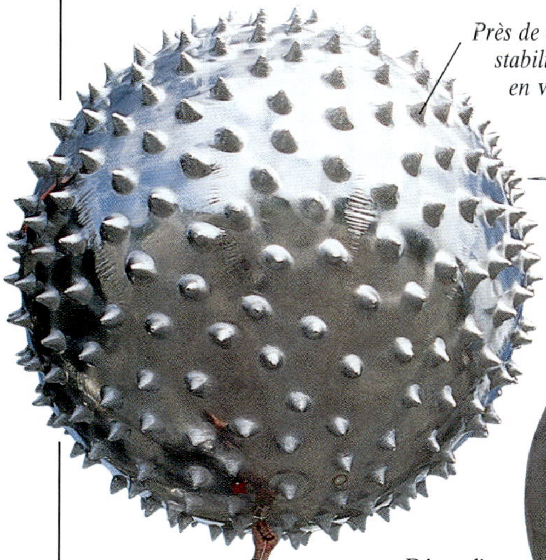

Près de 400 protubérances stabilisent le ballon en vol.

MESURES DE HAUT NIVEAU
Les ballons-sondes jouent un rôle essentiel dans la prévision du temps. Ils emportent des appareils de mesure très haut dans l'atmosphère terrestre et transmettent par radio les données relevées. Celui que l'on voit ci-dessus enregistre la température et l'humidité. La vitesse des vents est calculée grâce à un radar qui suit le ballon en vol. Les relevés en haute atmosphère contribuent à une meilleure connaissance des mécanismes climatiques.

Dôme d'un radar à Doppler

DÔME RADAR
L'accroissement de la sensibilité des radars permet aux scientifiques de réaliser des prévisions de plus en plus précises. Ainsi, les services de la météorologie nationale américaine utilisent un réseau de radars à Doppler au sol pour calculer les déplacements des nuages, la vitesse des vents et les précipitations.

PROFESSION : MÉTÉOROLOGUE PRÉVISIONNISTE
Dans le monde entier, des météorologues utilisent de puissants ordinateurs pour analyser les données météorologiques transmises à partir de la terre, de la mer, de l'air et de l'espace. Leurs observations leur permettent d'élaborer des modèles du climat mondial. Dès que les prévisionnistes détectent l'imminence d'un cyclone ou de tout autre phénomène dangereux, ils alertent les médias.

IMAGE COMPOSITE
Cette illustration résulte de la superposition d'une image infrarouge (tache violette) obtenue par satellite, à une carte. On y ajoute les isobares (lignes noires) déterminées d'après les mesures réalisées à terre (les points jaunes indiquent les endroits sur le continent où sont effectuées ces mesures). Les pointillés bleus sont d'autres isobares qui indiquent la pression en altitude. On obtient finalement la représentation d'une gigantesque dépression abordant ici l'Amérique du Nord. Plus la couleur est claire, plus les nuages contiennent d'humidité.

L'anémomètre mesure la vitesse et la direction du vent.

LE CHAMP DES MESURES
Cette station météorologique automatisée est installée au milieu d'un champ. Elle effectue des relevés de la vitesse et de la direction du vent, de la température, de l'humidité et de l'ensoleillement. Certaines stations envoient leurs informations à des satellites, qui les renvoient à leur tour aux agences météorologiques. Plus les données récoltées par les météorologues sont nombreuses, plus la fiabilité de leurs prévisions a des chances d'être grande.

Un météorologue transfère les données météo sur son ordinateur portable.

UN NEZ SENSIBLE
Cet avion à la silhouette peu commune sert à surveiller les cyclones. Il transporte, notamment dans son long nez bourré d'instruments, un équipement capable de mesurer la force des vents, leur vitesse et leur direction. A son bord, une équipe de météorologues analyse les données recueillies.

Lancement du satellite GOES-Est à bord d'une fusée Delta (1981)

MISE EN ORBITE
Le programme de satellites géostationnaires GOES permet de surveiller toute la Terre, à l'exception des régions très proches des pôles. Les données fournies par GOES-8, le dernier lancé, permettent aux scientifiques de modéliser d'impressionnantes maquettes tridimensionnelles des couvertures nuageuses.

L'ESSENCE DE LA PRÉVISION
Les prévisions météo sont transmises par divers médias, aussi bien par les journaux que par Internet. Mais les pompes à essence sont sans doute le dernier endroit où l'on s'attendrait à les trouver. Celle-ci, aux Etats-Unis, affiche les déplacements des tornades sur un écran facile à consulter pendant que l'on fait le plein.

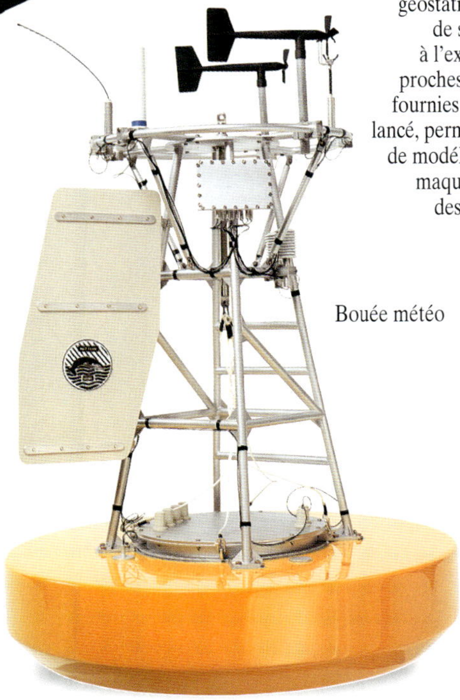

Bouée météo

MÉTÉOROLOGIE ET OCÉANOGRAPHIE
Les bouées météorologiques sont des stations automatisées. Elles dérivent en mer des semaines durant, mesurant la vitesse des vents, la température et l'humidité de l'air. Leurs données sont transmises aux navires de recherche. Les relevés marins sont importants car les océans ont une influence majeure sur le climat mondial.

LES SECOURS AUX SINISTRÉS

Les catastrophes naturelles d'origine climatique répandent parfois la désolation à grande échelle. Lorsqu'elles surviennent, les populations humaines en sont affectées de façon dramatique et ont besoin de secours jusqu'à ce qu'elles retrouvent une vie normale. Après le passage d'un cyclone, par exemple, les sinistrés réclament des soins médicaux et des abris où survivre en attendant que leurs habitations soient dégagées de la boue, réparées ou reconstruites. La qualité de l'eau et les réserves de nourriture sont également souvent touchées. Heureusement, des organismes humanitaires d'aide internationale, comme la Croix-Rouge, portent assistance aux populations qui souffrent, distribuent de la nourriture et prodiguent des soins médicaux partout où ils sont nécessaires.

LA VIE SENS DESSUS DESSOUS
En Floride, un sauveteur inspecte les restes d'une maison retournée. Les habitants du sud-est des Etats-Unis subissent cyclones et tornades plus souvent qu'à leur tour. Mais quelle que soit leur fréquence, il est impossible de se préparer parfaitement à de telles catastrophes. En attendant la reconstruction, les populations locales sont relogées temporairement, dans une école ou un supermarché, par exemple.

Opération de nettoyage après une tornade, en octobre 1979, dans le Connecticut, aux Etats-Unis.

FINIR DE DÉMOLIR POUR MIEUX REBÂTIR
Cette maison a été complètement détruite par une tornade. Avant de la reconstruire, il faut abattre ce qu'il en reste au moyen d'engins de chantier. Les gouvernements des pays riches ont mis en place des fonds d'urgence pour financer les travaux de reconstruction. Les pays pauvres, quant à eux, doivent souvent compter sur l'aide internationale.

POMPAGE EN MASSE
L'une des grandes priorités, dans une zone frappée d'inondation, est de drainer l'eau en excès. Les services d'urgence utilisent de puissantes pompes pour assécher les rues. Des sacs de sable amoncelés forment des digues protectrices pour canaliser l'eau.

EAU PORTABLE
Paradoxalement, c'est en cas d'inondation que l'eau potable se fait la plus rare, à cause de la pollution des nappes et des sources. Ce jeune Philippin fait le plein d'eau douce apportée dans un réservoir par les secours après une crue.

Des réservoirs sont mis en place pour fournir l'eau potable aux victimes d'inondations.

SECOURS VENUS DU CIEL
Lorsqu'une catastrophe naturelle, quelle que soit sa nature, frappe un endroit reculé, la façon la plus rapide d'y apporter des secours est le largage aérien. Les vivres lâchés par cet avion ont permis à de nombreuses personnes de survivre pendant une grave sécheresse au Soudan, en Afrique. Chacun des paquets largués contient essentiellement de la farine, de l'huile et des fruits en conserve. Mais il est difficile de fournir de l'eau par ce moyen, alors que c'est souvent la denrée qui fait le plus cruellement défaut.

Abri provisoire dans un camp de réfugiés en Ethiopie

HAVRE DE MISÈRE
Lorsqu'en 1989 la sécheresse entraîna la famine en Ethiopie, les Nations unies installèrent ce camp dans la province de Sidamo. 45 000 personnes y trouvèrent refuge. Outre l'aide alimentaire, chaque famille disposait de feuilles de plastique pour se construire un abri, d'une natte pour dormir et d'ustensiles de cuisine. Mais les réfugiés devaient trouver eux-mêmes le bois pour faire cuire la nourriture et bâtir leurs huttes, ce qui créa une forte pression sur un environnement dont les ressources étaient déjà limitées.

Vivres

PRÉVENTION SANITAIRE
Les épidémies se propagent rapidement dans les zones sinistrées et font de nombreuses victimes. Ce secouriste est en train de répandre un insecticide pour tuer les moustiques vecteurs de maladies qui pullulent dans les eaux boueuses des inondations. Il faut toutefois veiller à employer des produits non toxiques pour l'homme, car ils atteindront nécessairement les réserves d'eau potable.

ULTIME RECOURS
Lorsque cette photographie a été prise, dans la vallée de Suguta, au Kenya, aucune pluie n'y était tombée depuis sept ans. Les fortes sécheresses entraînent fréquemment la famine, en particulier dans les contrées reculées où il est difficile de se ravitailler. C'est pourquoi l'aide alimentaire est importante. Elle est ici fournie par l'Oxfam, un organisme caritatif créé pour aider ceux qui souffrent de la faim.

POUR LES ÊTRES VIVANTS, PAS DE SURVIE SANS ADAPTATION

Les animaux et les plantes sont adaptés à leur environnement. S'ils ne l'étaient pas, ils s'éteindraient très vite, en particulier ceux qui vivent dans des régions au climat très rude. Ainsi, dans les déserts, l'organisme des dromadaires a développé la faculté de compenser la rareté de l'eau et les plantes se sont équipées pour accumuler des réserves liquides dans leurs tissus. À l'inverse, dans les milieux très arrosés, certaines sont pourvues de dispositifs favorisant l'écoulement de la pluie sur leurs feuilles. Les organismes actuels diffèrent de ceux qui vécurent à des époques reculées, justement parce que leur milieu s'est modifié au cours des âges et qu'il leur a fallu s'y adapter pour survivre. Mais les processus d'adaptation sont très lents, s'effectuant sur d'innombrables générations.

UN ÉPAIS MANTEAU DE PLUMES
La chouette harfang vit dans les régions arctiques. Son plumage doux et épais retient bien l'air qui, réchauffé par sa chaleur corporelle, l'isole du grand froid. Elle porte même du duvet sur ses serres. Mais quand la température devient plus clémente, l'oiseau ne peut retirer son épais manteau. Il se refroidit alors en écartant ses ailes et en haletant.

MONSTRE DU DÉSERT
Le monstre de Gila est un lézard du Mexique et du sud-ouest des Etats-Unis. Pendant la chaude saison des pluies, ses proies (œufs, jeunes oiseaux et petits rongeurs) sont abondantes et le reptile en profite pleinement. Il constitue alors des réserves de graisse dans son organisme, sur lesquelles il vit durant l'hiver, sec et plus froid.

L'hiver, la graisse stockée dans la queue lui fournit de l'énergie.

L'ARBRE À LA TÊTE EN BAS
Un mythe africain raconte que, le baobab ayant fâché les dieux en se plaignant, ceux-ci le replantèrent à l'envers pour le punir. Mais la véritable explication de l'étrange silhouette de cet arbre est liée à la longue saison sèche qui sévit en Afrique de l'Est, où il pousse. En fait, le baobab ne porte des feuilles que durant trois mois de l'année, afin d'éviter de perdre trop d'humidité par évapotranspiration. Outre les énormes réserves d'eau qu'il stocke dans son tronc, cela lui permet d'attendre sans peine le retour de la saison des pluies.

Pointe de dégouttement

LA POINTE DE L'ADAPTATION
Dans une forêt vierge, durant la saison des pluies, des précipitations de 1 m par mois sont fréquentes. La survie des plantes dépend certes de l'eau mais, si leur feuillage en était constamment recouvert, elles ne pourraient plus respirer et mourraient. Les feuilles de certaines espèces présentent donc, à leur sommet, une longue pointe effilée qui entraîne les gouttes et facilite le dégouttement.

QUAND L'EAU SE FAIT RARE
Les feuilles d'une plante sont ponctuées de minuscules trous appelés stomates, par lesquels l'eau transpire et s'évapore (évapotranspiration). Pour compenser ces pertes, la plante doit pomper dans le sol par ses racines. Bien sûr, là où l'eau est rare, cela devient un problème. C'est pourquoi, dans le désert, les plantes ont des feuilles plus petites ou en moins grand nombre, afin de réduire les pertes. Quant aux cactées, comme cet échinocactus, la plupart n'ont pas de feuilles du tout. Elles ne sont constituées que d'une tige unique faisant office de réservoir.

EAU DE VIE
La grenouille – ou phylloméduse – aux yeux rouges est bien adaptée à la vie dans les forêts pluviales. Elle est arboricole et des ventouses au bout de ses doigts l'aident à agripper les branches. Comme chez tous les batraciens, sa peau doit rester humide ; sinon, l'animal mourrait. La forte humidité permanente qui règne dans la forêt vierge est donc pour elle une garantie de survie.

MACHINE À EAU
Comme celui d'autres animaux vivant dans les milieux désertiques, l'organisme des chameaux et dromadaires est capable de fabriquer de l'eau à partir de graisse accumulée. Ils peuvent ainsi puiser, sans en souffrir, jusqu'au quart de leur poids corporel pour survivre.

Un chameau peut boire l'équivalent d'une baignoire pleine d'eau en quelques minutes.

POUR VIVRE HEUREUX, VIVONS CACHÉS !
En période de sécheresse, beaucoup d'amphibiens s'enfouissent dans la terre ou se rassemblent en des lieux humides, comme les troncs pourrissants. Dans les pays à longue saison sèche, quand l'eau devient rare, certaines grenouilles entrent en léthargie après s'être enveloppées dans un cocon muqueux.

Grenouille fouisseuse australienne

L'EMPEREUR DU FROID
Le manchot empereur compte parmi les rares animaux capables de vivre toute l'année sous le très rude climat de l'Antarctique. Son plumage imperméable et l'épaisse couche de graisse accumulée sous sa peau en font un être parfaitement adapté à la survie sous les latitudes glacées. Ces oiseaux, quand ils couvent leur œufs, ne peuvent aller se nourrir en mer. Ils puisent alors leur énergie dans leur graisse corporelle.

Les poussins se pressent les uns contre les autres pour conserver leur chaleur.

Le plumage très serré est à l'épreuve des vents polaires.

Les petits pieds réduisent les déperditions de chaleur.

LE CLIMAT AUSSI ÉVOLUE

Le climat d'une région est, par définition, le climat moyen qu'elle a connu dans les trente dernières années; car celui-ci change au cours du temps. On sait, par exemple, que la Terre a subi plusieurs périodes de refroidissement généralisé. Durant ces « âges glaciaires », une plus grande proportion des eaux marines gelèrent, les calottes polaires s'étendirent, et des glaciers immenses envahirent une partie des terres émergées. L'une des causes de ces glaciations est la variation de la distance entre la Terre et le Soleil. Mais des chercheurs pensent que les impacts de météorites pourraient aussi, dans certains cas, avoir joué un rôle. À l'inverse, notre monde a connu des périodes de réchauffement qui ont anéanti des civilisations. Pour lire l'histoire du climat terrestre, les scientifiques recourent à de nombreuses techniques.

MERS CHANGEANTES
Les ammonoïdes, ou ammonites, étaient des céphalopodes à coquille enroulée qui vécurent dans les océans chauds jusqu'à – 66 millions d'années environ. Des fossiles de leurs coquilles ont été découverts dans les roches sous les eaux antarctiques. Cela prouve qu'il n'y a pas toujours fait froid. Il y a des millions d'années, en effet, l'Antarctique ne se trouvait pas au pôle Sud : il a dérivé au cours du temps.

Fête du gel sur la Tamise, à Londres, 1813

UNE CIVILISATION PERDUE
Il arrive que des modifications radicales du climat contraignent des populations entières à changer de région, voire provoquent l'extinction d'une civilisation. Ainsi, les Anasazis, qui vivaient, jusqu'à 1280 environ, dans des *pueblos*, ces habitations adossées à des falaises, dans le sud-ouest des actuels Etats-Unis, furent forcés de quitter leur terre à cause d'une sécheresse qui dura près de vingt-trois ans.

UNE MINI-GLACIATION
Entre 1500 et 1850 environ, la majeure partie de l'Europe connut un « petit âge glaciaire ». Les températures moyennes n'étaient que de quelques degrés inférieures à la normale, mais cela suffisait pour geler de grandes quantités d'eau de mer. Les hivers étaient très rudes, et les rivières étaient prises fréquemment par les glaces.

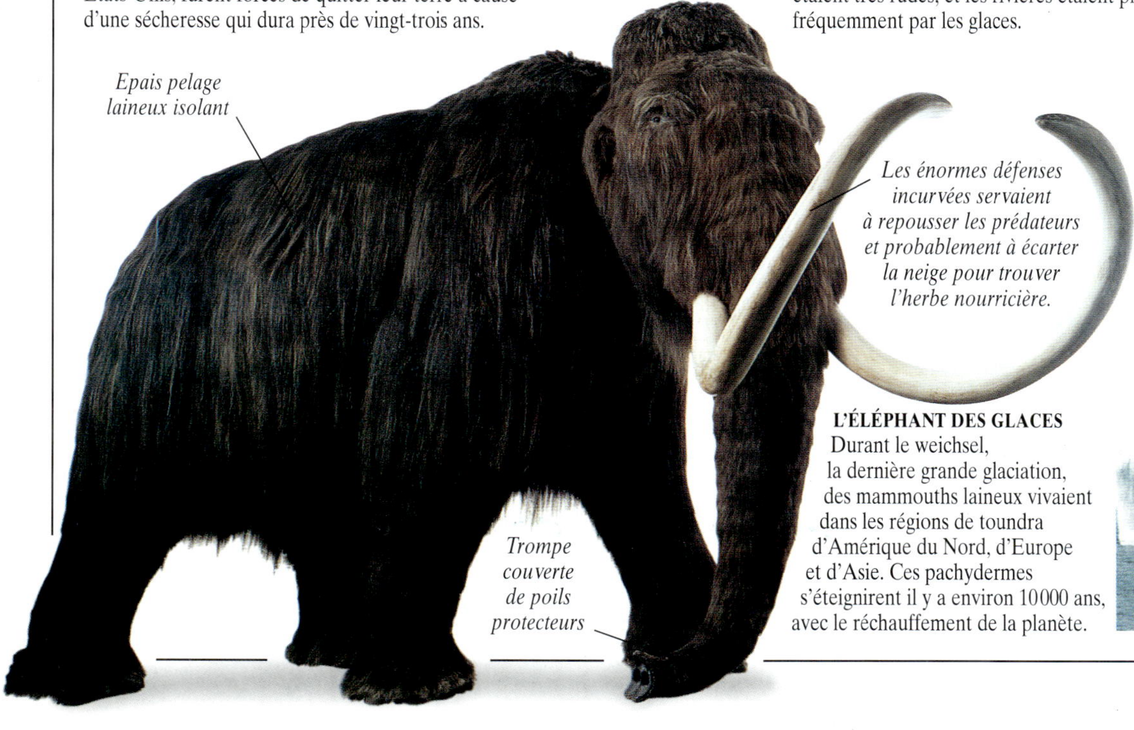

L'ÉLÉPHANT DES GLACES
Durant le weichsel, la dernière grande glaciation, des mammouths laineux vivaient dans les régions de toundra d'Amérique du Nord, d'Europe et d'Asie. Ces pachydermes s'éteignirent il y a environ 10000 ans, avec le réchauffement de la planète.

CERCLES SYLVESTRES
Chaque année, du bois nouveau se forme en couche sous l'écorce des arbres. Cela se traduit par l'apparition d'un nouvel anneau de croissance dans la section du tronc. Si, une année, le climat est plus chaud, la croissance est plus importante et l'anneau plus épais. En analysant la largeur des anneaux de croissance, les chercheurs peuvent retrouver les températures moyennes pour chacune des années qu'a vécues l'arbre.

Plus l'année est chaude, plus l'anneau de croissance est épais.

POUSSIÈRE DE L'ESPACE
Ce cratère, situé en Arizona, aux Etats-Unis, est la trace d'un énorme météorite tombé sur la Terre il y a 50000 ans. Des millions de tonnes de poussière furent projetées dans les airs lors de l'impact et y restèrent en suspension pendant un an. Le nuage renvoya une grande part du rayonnement solaire vers l'espace, provoquant en dessous un abaissement de température. Certains chercheurs pensent que les nuages de poussière ainsi générés par les chutes météoriques pourraient entraîner des refroidissements globaux.

Ces Pinus aristata *poussent dans les White Mountains, en Californie.*

TÉMOINS VIVANTS
Les plus vieux arbres vivants appartiennent à une espèce de pins *(Pinus aristata)* qui pousse en Californie et au Nevada, aux États-Unis. Certains ont plus de 4000 ans et sont de véritables témoins de l'histoire du climat. On analyse leurs anneaux de croissance en prélevant dans le tronc une carotte échantillon.

Le chalutier semble bien petit auprès de cet énorme iceberg, au Groenland.

UN AVENIR À L'EAU ?
La température moyenne de la planète s'élève lentement. C'est ce que l'on appelle le réchauffement global. Pour certains scientifiques, les activités humaines, telles que la combustion des carburants, en sont pour partie responsables. Quoi qu'il en soit, si ce phénomène se poursuit au rythme actuel, une part importante des glaces situées aux pôles risque de fondre, et la mer d'envahir de nombreuses régions du monde au cours du prochain siècle.

LE PHÉNOMÈNE EL NIÑO

Tous les deux à sept ans, sur l'océan Pacifique, les vents alizés mollissent, voire s'inversent, ramenant en hiver une eau plus chaude que la normale vers les côtes d'Amérique du Sud. Appelé El Niño, ce phénomène provoque, dans toute la zone tropicale, des dérèglements climatiques qui durent parfois quatre ans. Des terres aussi distantes que l'Australie et l'Afrique peuvent alors connaître des perturbations de leur régime de précipitations, qui se traduisent par de graves sécheresses ou des inondations. Un épisode El Niño parvient même à affecter le temps au-delà des tropiques, entraînant la chute des températures moyennes hivernales en Amérique du Nord et l'accroissement des pluies sur le nord-ouest de l'Europe. El Niño est désormais prévisible plusieurs mois à l'avance et des bulletins d'alerte permettent aux agriculteurs d'adapter leurs cultures en conséquence.

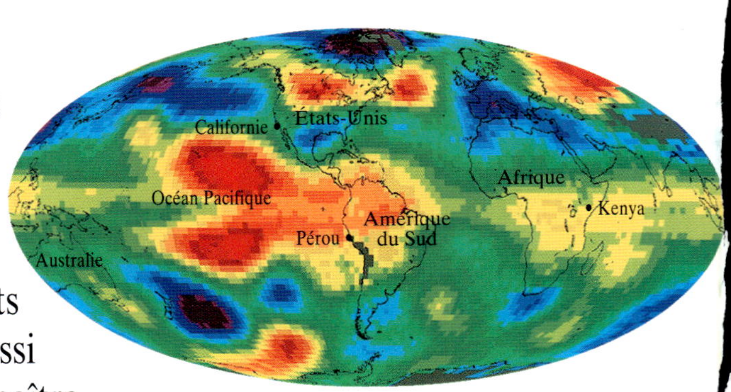

LE CHAUD ET LE FROID
Cette carte, reconstituée à partir de données satellite, montre l'influence de l'épisode El Niño de 1983 sur les températures dans le monde entier. Les zones orange et rouges correspondent à des températures plus chaudes que la normale, les zones bleues, à des températures plus froides. La grande tache orange et rouge sur le Pacifique est due à El Niño.

DES TEMPS DIFFICILES
El Niño, nom qui désigne en espagnol « l'Enfant Jésus », a été baptisé ainsi par les pêcheurs péruviens car il apparaît à l'époque de Noël. Lorsqu'il ramène des eaux chaudes sur celles, plus froides, des côtes péruviennes, les poissons se raréfient. En effet, ceux-ci suivent le plancton dont ils se nourrissent et qui ne peut se développer dans les eaux chaudes. Beaucoup de Péruviens, qui tirent leur subsistance de la pêche, connaissent alors de graves difficultés.

UN CLIMAT CHAUD ET HUMIDE
Au cours de l'épisode El Niño de 1998, des inondations au Kenya ont détruit les cultures de maïs et répandu des maladies comme la malaria. Ce pays d'Afrique connaît normalement peu de précipitations mais, avec El Niño, de l'eau plus chaude s'amasse sur ses côtes. L'excès de pluies qui en résulte provoque souvent des inondations.

DURES PRIVATIONS
Les otaries et les oiseaux de la côte ouest de l'Amérique du Sud meurent souvent de faim durant un épisode El Niño. Eux aussi vivent du poisson qui prospère grâce au plancton dans les eaux normalement froides. Lorsque El Niño frappe, ces eaux froides sont repoussées vers les profondeurs, où les poissons les suivent, se mettant ainsi hors de portée des otaries, des oiseaux et des pêcheurs.

COUP DE FROID
Quand frappe El Niño, les modifications des courants du Pacifique affectent souvent la côte ouest des Etats-Unis. Tandis que certaines zones souffrent d'inondations, d'autres se refroidissent. Ainsi, en 1997 et 1998, El Niño apporta des chutes de neige plus fortes que la normale sur les reliefs du sud de la Californie.

CIMETIÈRE MARIN
Le corail, lorsqu'il blanchit, est un bon indicateur du retour d'El Niño. En effet, de minuscules algues colorées vivent normalement sur lui et sont essentielles à sa survie. Elles fuient quand les eaux se réchauffent, ne laissant derrière elles que le squelette blanc du corail. C'est ainsi que des récifs coralliens entiers peuvent mourir.

LA PROIE DES FLAMMES
En 1998, El Niño apporta la sécheresse à Sumatra, en Indonésie. Celle-ci amplifia l'impact d'incendies criminels, qui prirent une ampleur considérable. Les foyers brûlèrent des semaines durant, recouvrant la grande île d'un épais nuage de fumée. Il y faisait si sombre que les automobilistes devaient allumer leurs phares en plein jour.

ALERTE À LA SÉCHERESSE
El Niño réduit les précipitations au Brésil, au point, parfois, d'apporter la sécheresse. Durant l'épisode de 1987, la production céréalière brésilienne chuta de 80 %. En 1992, toutefois, les scientifiques surent prévoir le retour d'El Niño. Les agriculteurs avertis plantèrent des céréales capables de résister à la sécheresse. La récolte fut ainsi à peine inférieure à la normale.

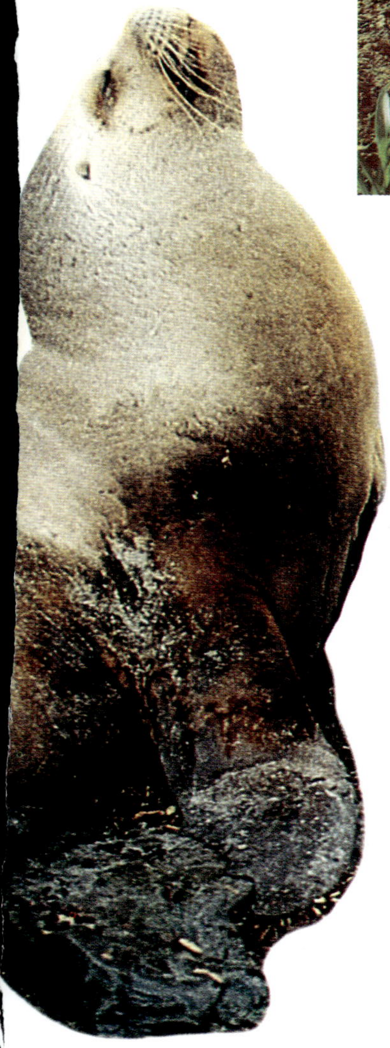

SAUVE QUI PEUT !
Pendant un épisode El Niño, dans l'océan Pacifique, les eaux chaudes quittent les abords de l'Australie pour revenir vers les côtes sud-américaines. Autour de l'Australie, les eaux plus froides que la normale génèrent une réduction des précipitations et de vastes régions du continent souffrent de la sécheresse. En 1997, les alertes au retour d'El Niño poussèrent de nombreux cultivateurs australiens à abandonner provisoirement leurs terres.

DES CONTRÉES LESSIVÉES
Les côtes du Pérou et du Chili, en Amérique du Sud, sont normalement très sèches parce que les eaux qui les bordent sont froides. Mais durant l'épisode El Niño de février 1998, la pluie se mit à tomber en quantités incroyables (jusqu'à 15 cm par jour). Sous l'effet des crues qui en résultèrent, les rivières rompirent leurs berges et, en certains endroits, balayèrent des villages entiers.

LES PHÉNOMÈNES ATMOSPHÉRIQUES EXTRAORDINAIRES

Tous les phénomènes climatiques connus sur Terre sont dus à des interactions entre l'atmosphère et les rayons solaires. Ainsi, c'est l'énergie du soleil qui fait s'évaporer l'eau et produit les nuages, dont nous connaissons les manifestations courantes : vent, pluie, neige… Mais il se produit parfois des événements moins connus. Si nous avons tous déjà vu un arc-en-ciel, bien peu ont eu l'occasion d'observer un arc-de-lune. D'autres phénomènes lumineux insolites existent, comme les halos, les mirages et l'impressionnant spectre du Brocken. Outre les éclairs, l'électricité des nuages d'orage peut aussi produire des effets curieux, comme le feu Saint-Elme, et ce sont des charges électriques d'un autre type qui sont à l'origine des aurores boréales et australes. Et puis il existe quelques phénomènes rarissimes et très étranges qui restent inexpliqués.

INQUIÉTANTES LUMIÈRES
Le feu Saint-Elme est l'un des effets possibles d'un nuage d'orage. Il s'agit d'une étincelle bleu-vert qui se manifeste parfois aux extrémités d'objets pointus, telles les vergues d'un navire à voiles. Ce phénomène lumineux rare se produit lorsque l'objet libère lentement une charge électrique qui se trouve attirée par la charge inverse à la base du nuage.

LES FANTÔMES DE LA MONTAGNE
Sur les hauts sommets, les alpinistes observent parfois d'énormes formes humaines en face d'eux. Ce phénomène est appelé spectre du Brocken, d'après le pic allemand du même nom, où se sont produites les plus célèbres « apparitions ». Il s'agit en fait de la propre ombre des alpinistes, projetée sur la base des nuages proches. Les ombres sont parfois environnées d'un halo coloré dénommé arc du Brocken.

UN PHÉNOMÈNE DE RÉFRACTION
Lorsque le soleil est assez bas dans le ciel derrière vous et qu'il pleut, vous voyez apparaître un arc-en-ciel. La lumière du soleil se réfléchit alors sur la face interne des gouttes d'eau, et elle est déviée en voyageant à travers. Or, chacune des couleurs qui composent la lumière visible est déviée selon un angle différent. Elles sont ainsi séparées et apparaissent sous la forme de bandes colorées.

BOULES DE LUMIÈRE
Des milliers de personnes ont dit avoir observé des boules de lumière planer dans les airs, ou dériver avant d'exploser violemment ou de s'éteindre progressivement. Cet effet, appelé éclair-boule, est probablement un phénomène électrique dû à des orages.

LES COULEURS DE LA LUNE
Juste après l'apparition de la pleine lune à l'est, il se peut qu'un jour vous apparaisse un arc-de-lune, à l'ouest, alors que le soleil vient de se coucher. Celui-ci se forme de la même façon qu'un arc-en-ciel. Il faut donc avoir la lumière de la lune derrière soi et il doit pleuvoir à l'ouest. C'est un phénomène très rare.

En roulant sur le sol, le cylindre de neige creux poussé par le vent augmente de volume.

BOULES DE NEIGE GÉANTES
La neige forme parfois d'étranges boules en s'enroulant comme un sac de couchage. Cela ne se produit que lorsque de la neige fraîche tombe sur de la neige plus ancienne et qu'elle est entraînée par un vent chaud et fort. Bien qu'il soit rare de les voir se former, un jour de chance, vous pouvez tomber sur un champ plein de ces boules de neige spontanées.

Le reflet du rocher sur le sable donne l'illusion de la présence d'eau.

DISTORSION LUMINEUSE
Depuis des siècles, les voyageurs ont raconté avoir vu des miroitements tremblotants dans les déserts et des navires la tête en bas sur l'horizon en mer. Loin d'être fantaisistes, leurs histoires ne sont que la traduction des phénomènes de mirages. Ceux-ci se produisent lorsque les rayons lumineux issus d'objets distants sont déviés en traversant des couches d'air à différentes températures.

HALO SOLAIRE
Quand le soleil brille à travers un cirrus (un type de nuage de haute altitude), un halo se forme autour de l'astre du jour. Depuis les temps anciens, certaines personnes voient dans cette manifestation un signe de pluie imminente. Cet élément du folklore météorologique comporte une part de vérité : la présence de cirrus annonce souvent des averses.

LE RAYON VERT
Il arrive parfois, par de belles journées, à l'instant où le soleil se lève ou se couche, de voir apparaître de mystérieuses taches de lumière verte sur le ciel. Cet effet ne s'observe qu'au-dessus d'un horizon bien net, comme au bord de la mer. Les taches sont des rayons solaires déviés et dispersés par des particules de poussière dans l'atmosphère.

LA MAGIE DES AURORES
De spectaculaires draperies de lumière colorée, appelées aurores, s'observent souvent dans le ciel à proximité des régions polaires, et parfois de plus loin. Elles se produisent lorsque des particules du vent solaire, chargées électriquement, se trouvent attirées vers les pôles magnétiques en passant à proximité de la Terre. Elles entrent alors en collision avec les molécules atmosphériques, ce qui provoque ces luminescences.

LE CLIMAT SUR LES AUTRES PLANÈTES

Le Soleil est une étoile située au centre du système qui porte son nom. Autour d'elle gravitent neuf planètes et leurs satellites. Le rayonnement solaire, en réchauffant l'atmosphère terrestre, agit sur nos climats. Sans atmosphère, comme sur Mercure, la Lune et bon nombre de satellites, il n'y a ni vent, ni pluie, ni neige. Vénus et Mars, quant à elles, ont une atmosphère et connaissent des phénomènes climatiques similaires à ceux qui se produisent sur Terre. Plus loin, les « planètes géantes » (Jupiter, Saturne, Uranus et Neptune) sont d'énormes boules gazeuses au noyau liquide ou rocheux. Comme elles tournent sur elles-mêmes, les gaz qui les composent s'enroulent, formant des tempêtes en spirale semblables à nos cyclones. Enfin, la petite Pluton, la plus éloignée du Soleil, est trop froide pour que s'y forme une atmosphère.

NEPTUNE, LA GÉANTE GAZEUSE BLEUE
Sur Neptune, les vents soufflent jusqu'à 2500 km/h. Il n'en existe pas de plus rapides dans le système solaire. Cette planète apparaît bleue car elle contient du méthane. Les bandes nuageuses blanches que l'on voit sur la photo sont probablement composées de méthane gelé, qui se refroidit en s'élevant.

Sur Mars, le ciel est rose durant le jour.

TEMPÊTES DE POUSSIÈRE
Mars est recouverte d'une couche de poussière qui contient de l'oxyde de fer, molécule composant la rouille. C'est ce qui donne à la planète sa couleur rouge. Bien que son atmosphère soit beaucoup plus mince que celle de la Terre, elle connaît des vents violents qui déplacent d'énormes quantités de poussière à sa surface.

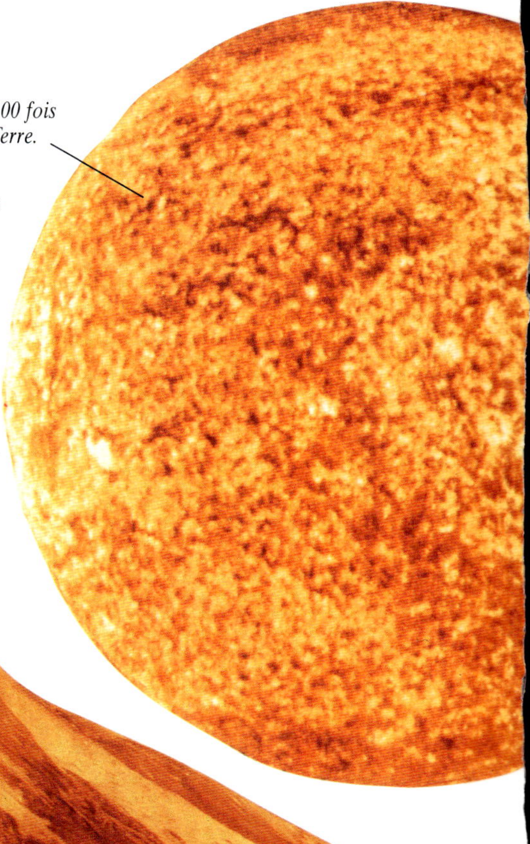

Le Soleil est plus de 100 fois plus gros que la Terre.

LES VOLCANS VÉNUSIENS
La surface de Vénus ressemble par bien des aspects à celle de la Terre. On y trouve par exemple des volcans, toutefois inactifs depuis des millions d'années. Comme leurs homologues terrestres, quand ils étaient en activité, ils libérèrent dans l'atmosphère vénusienne des gaz qui jouent un rôle dans les phénomènes climatiques qui l'agitent aujourd'hui.

LA PLANÈTE AUX ANNEAUX
On reconnaît Saturne, la seconde plus grosse planète du système solaire, au vaste système d'anneaux qui l'entoure. Comme toutes les géantes gazeuses, elle est presque entièrement composée d'atmosphère qui devient de plus en plus dense à mesure que l'on se rapproche du cœur. Elle est réchauffée par le Soleil mais reste très froide, son atmosphère externe affichant par endroits – 190 °C.

Dans les anneaux qui encerclent Saturne règnent des vents atteignant 1 800 km/h.

TEMPÊTES DE FEU
Le Soleil est une boule de gaz extrêmement chauds. La surface, beaucoup plus froide que le cœur, présente tout de même une température de 5 000 °C, suffisante pour vaporiser le diamant. Elle est très agitée : d'énormes tempêtes, appelées protubérances, dues au puissant champ magnétique de l'étoile, projettent des millions de tonnes de gaz brûlants dans l'espace.

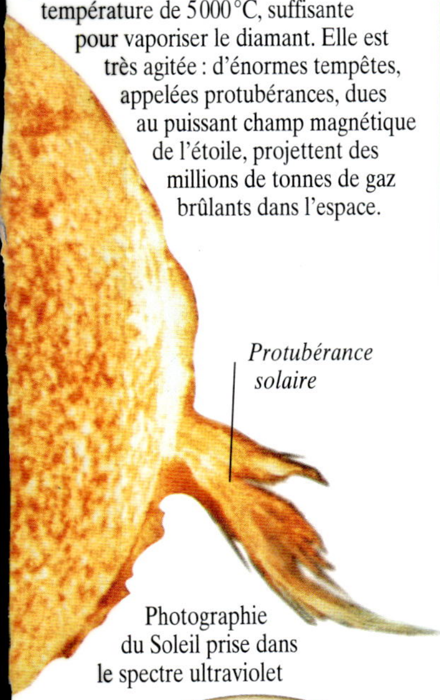

Protubérance solaire

Photographie du Soleil prise dans le spectre ultraviolet

CYCLONE GÉANT
Jupiter, la plus grosse planète du système solaire, tourne très vite sur elle-même. Il lui faut moins de dix heures pour effectuer une rotation complète. Ce mouvement provoque de forts remous dans son atmosphère. Il est notamment responsable de la Grande Tache Rouge, une tempête similaire à nos cyclones terrestres, mais d'une taille égale à deux fois celle de la Terre. Elle y fait rage sans discontinuer depuis 330 ans au moins, âge de sa première observation par l'homme.

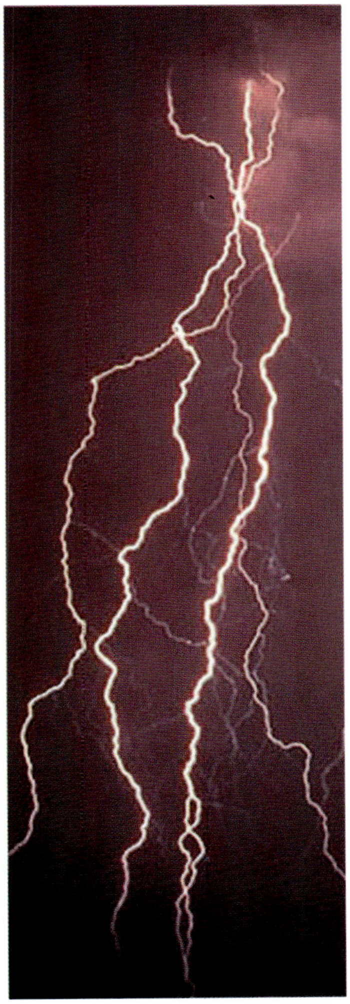

UNE ATMOSPHÈRE CHARGÉE
Sur Terre, les éclairs sont dus à des courants d'air ascendants dans les nuages d'orage. D'autres planètes connaissent aussi des éclairs, produits dans des conditions similaires. Ainsi, Jupiter subit des orages particulièrement violents au-dessus de ses pôles magnétiques. Ils seraient dus, en partie, au puissant champ magnétique de la planète.

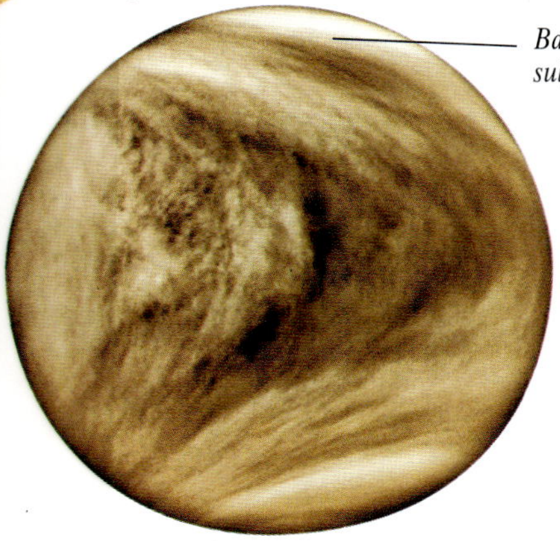

Bande de nuages sulfureux

VÉNUS TORRIDE
Avec une température de surface assez haute pour faire fondre le plomb, Vénus est la planète la plus chaude du système solaire. Elle est enveloppée d'épais nuages d'acide sulfurique ; la pression atmosphérique y est 90 fois plus élevée que sur Terre.

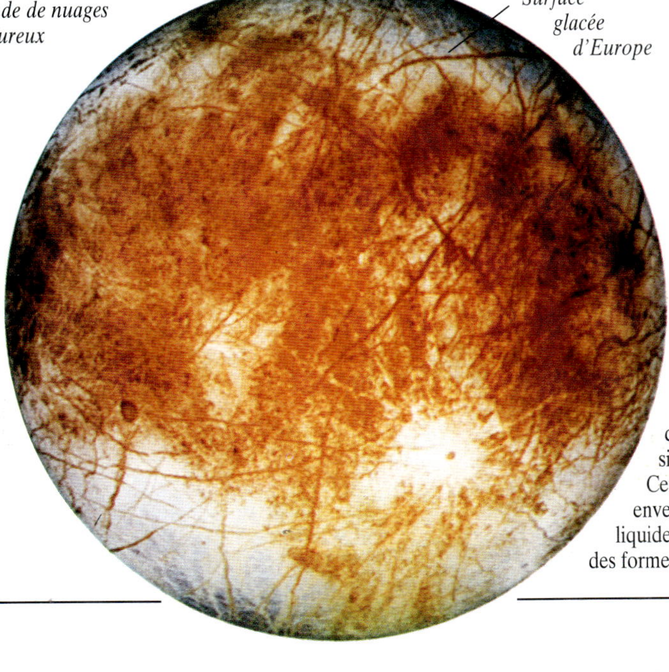

Surface glacée d'Europe

EUROPE VIVANTE ?
Europe, l'un des satellites de Jupiter, présente une mince atmosphère composée, en grande partie, d'oxygène. L'astre est une boule rocheuse recouverte d'une couche lisse d'eau glacée qui semble similaire aux calottes polaires terrestres. Certains astronomes pensent que, sous cette enveloppe de glace, pourrait se trouver de l'eau liquide. Si c'est le cas, il se pourrait qu'il existe des formes de vie dans les mers d'Europe.

HISTORIQUE DE QUELQUES PHÉNOMÈNES NATURELS

Cette double page d'annexes vous propose, sous forme de tableaux, les principaux cyclones, typhons, ouragans, avalanches et glissements de terrain dans le monde depuis que ces phénomènes sont enregistrés et étudiés. Vous trouverez également quelques records mondiaux à propos de phénomènes météorologiques comme les orages, le vent, la grêle, la neige et la sécheresse.

LES PRINCIPAUX CYCLONES

date	lieu	Victimes et dégâts
1502	Saint-Domingue	
05/10/1864	Inde	70 000 morts
31/10/1876	Inde	215 000 morts
06/06/1882	Inde	100 000 morts
avril 1892	île Maurice	1 200 morts
26/07/1896	Paris	
01/09/1896	Le Havre	
10/09/1896	Paris	dégâts sur 6 km, plusieurs blessés
06/06/1897	Isère	10 millions de francs de dégâts
18/06/1897	Asnières	banlieue ouest ravagée, 1 mort, nombreux blessés
septembre 1928	Guadeloupe	1 200 morts
16/10/1942	Inde	40 000 morts
29/05/1963	Pakistan	11 942 morts
05/10/1964	Inde	70 000 morts
11/05/1965	Pakistan	17 956 morts
février-juin 1965	Pakistan	30 000 morts
15/12/1965	Pakistan	10 000 morts
29-30/10/1971	Inde	20 000 à 50 000 morts
avril 1973	Bangladesh	1 000 morts
30/09/1976	Mexique	plus de 2 500 morts
31/10/1976	Inde	215 000 morts
19/11/1977	Inde	plus de 10 000 morts
mai 1983	Pérou	600 morts
septembre 1989	Etats-Unis (Hugo)	82 morts
30/04/1991	Bangladesh	125 000 morts
août 1992	Etats-Unis (Andrew)	260 km/h, 28 morts, 20 milliards de dollars de dégâts
septembre 1994	Antilles (Debbie)	10 morts
08/11/1994	Haïti (Gordon)	350 à 500 morts
06/11/1996	Inde	1 000 morts
19/05/1997	Bangladesh	108 morts
septembre 1998	est des Etats-Unis (Bonnie)	
	Antilles, Etats-Unis (George)	300 à 400 morts
21/10-05/11/1998	Amérique centrale	1 000 à 14 000 morts au Honduras (chiffres contestés), 288 km/h

LES PRINCIPAUX TYPHONS

date	lieu	victimes
08/10/1881	Indochine	300 000 morts
17/09/1906	Chine	10 000 morts
01/09/1937	Hong Kong	11 000 morts
31/11/1949	Philippines	1 000 morts
20/10/1952	Philippines	1 000 morts
25/09/1953	Vietnam	1 000 morts
26/09/1954	Japon	1 600 morts
18/09/1954	Japon	2 000 morts
26/09/1954	Japon	4 460 morts
02/10/1963	Haïti	5 000 morts
05/10/1980	Indochine	300 000 morts
31/07/1987	Canada	27 morts
09/09/1996	Chine (Sally)	114 morts

LES PRINCIPAUX OURAGANS

date	lieu	victimes
08/09/1900	Texas	6 000 morts
15/09/1928	Caraïbes	4 000 morts
03/09/1930	Rép dominicaine	2 000 morts
21/09/1934	Japon	4 000 morts
25/10/1935	Haïti	2 000 morts
1938	New York	6 000 morts
27/10/1954	Mexique	15 500 morts
19/09/1973	Honduras	plus de 8 000 morts
28/08-04/09/1979	Antilles et Floride	plus de 1 000 morts
16/10/1983	France (Bretagne)	6 morts
25/01/1990	Europe	94 morts
03/02/1990	France	24 morts
26/02-01/03/1990	Europe	84 morts, France 19
05/09/1995	St-Martin	240 km/h
08/10/1997	Mexique	400 morts

LES CATASTROPHES LES PLUS VIOLENTES

août 1968	île de Teguan (Indonésie)	500 à 1 000 morts île engloutie
12/11/1970	Bangladesh	300 000 morts, la plus grande catastrophe météorologique du siècle

LES PRINCIPALES AVALANCHES

date	lieu	victimes
1689	Suisse	300 morts
11/12/1892	France, Haute-Savoie	200 morts
01/03/1910	Etats-Unis, Wellington	118 morts
13/12/1916	Autriche, Tyrol	10 000 morts
13/12/1941	Pérou	4 000 morts
24/02/1951	Suisse	300 morts
10/01/1962	Pérou	3 à 4 000 morts
15/05/1965	Allemagne, Garmisch	100 morts
30/08/1965	Suisse	88 morts
10/02/1970	France, Savoie	42 morts
24/02/1970	Suisse	29 morts
31/05/1970	Pérou	18 000 morts
21/11/1992	France, Savoie	7 morts
29/01/1994	France, Savoie	6 morts
23/01/1998	France, Hautes-Alpes	11 morts

LES PRINCIPAUX GLISSEMENTS DE TERRAIN

date	lieu	victimes et dégâts
04/09/1618	Italie	2 420 morts
02/09/1806	Suisse	1 000 morts, 3 villages ensevelis
02/03/1938	Etats-Unis, Los Angeles	200 morts
15/02/1949	Inde	500 morts
13/11/1963	Haïti	500 morts
17/03/1966	Brésil, Rio	550 morts
31/05/1970	Pérou	20 000 morts
18/06/1972	Hong Kong	100 morts
août 1972	Corée	410 morts
30/08/1973	Venezuela, Caracas	100 morts
avril 1974	Pérou Lima	1 000 morts
28/06/1974	Colombie	200 morts
28/03/1980	Turquie	60 morts
09/03/1983	Chine, Dongxiang	270 morts
14/11/1985	Colombie	23 000 morts
septembre 1987	Venezuela	400 morts
27/09/1987	Colombie	400 morts
05/02/1988	Brésil, Rio	500 morts
10/03/1991	Malawi	500 morts
08/12/1992	Bolivie	plusieurs centaines
25/12/1993	Algérie, Oran	12 morts
02/06/1994	Colombie	250 à 750 morts
02/11/1994	Egypte	529 morts
mars 1998	Pakistan	1 500 morts
03/11/1998	Nicaragua	1 000 morts
été 1998	Bangladesh	1 200 morts
été 1998	Chine	3 600 morts

DIVERSES INFORMATIONS SUR LES ORAGES

Nombre autour de la terre	1 700 par seconde
en France	1 à 2 millions/an
Nbre maxi d'impacts (France)	62 000 le 22/09/1992
Energie libérée	celle d'une bombe H d'une mégatonne
Nombre maximal par an	322 jours en 1916 à Bogor, Java (Indonésie)
Effets en France par an	20 à 40 personnes, 20 000 animaux tués par la foudre, 15 000 incendies, 50 000 appareils endommagés (téléviseurs, ordinateurs, téléphones...)
Quantité d'eau tombée lors d'un épisode orageux :	
à Paris le 27/06/1990	32,8 l par m² en 1 h 35
à Paris le 20/07/1972	52,2 mm en 1 h
à Paris le 19/07/1955	47,1 mm en 30 min

LES GRÊLONS LES PLUS GROS

Les plus lourds	1,9 kg au Kazakhstan en 1959 1 kg au Bangladesh en avril 1986 972 g à Strasbourg en août 1958

LES PLUS FORTES CHUTES DE NEIGE

Plus fortes chutes	31,10 m en 12 mois à Paradise (Etat de Washington, Etats-Unis) de février 1971 à février 1972 1,93 m en 1 jour à Silver Lake (Colorado, Etats-Unis) les 14 et 15 avril 1921

LES SÉCHERESSES LES PLUS LONGUES

La plus longue (sans aucune précipitation)
environ 400 ans jusqu'en 1971, désert d'Atacama, Chili
53 ans (moyenne 0,8 mm d'eau par an), Arica, Chili

LES VENTS LES PLUS VIOLENTS

USA, mont Washington, le 12/04/1934 : 371 km/h
France, mont Ventoux, le 19/11/1967 : 320 km/h
France, pointe du Roc (Manche), pointe du Raz (Finistère) en février 1989 : 216 km/h
France, le 26/12/1999 : 277 km/h

LES PRINCIPAUX TSUNAMIS

Répartition en pourcentage : Pacifique 75 ; Méditerranée 12 ; Atlantique 9 ; Océan Indien 3 ; Divers 1
De 1945 à 1985, aux États-Unis : 335 morts et 485 millions de dollars de dégâts
De 684 à 1985, au Japon : 171 dont 16 grands (vagues de 10 m) et 5 très grands (30 m et plus)

INDEX

NOTES

Dorling Kindersley tient à remercier Sheila Collins, assistante design. Illustrations d'Eric Thomas et John Woodcock
Photographies complémentaires de Peter Anderson, Jeoff Brightling, Jane Burton, Peter Chadwick, Andy Crawford, Geoff Dann, Mike Dunning, Steve Gorton, Frank Greenaway, Ellen Howden, Colin Keates, Dave King, Andrew Nelmerm, Janet Peckham, Kim Sayer, Karl Shone, Andreas Von Einsiedel, Jerry Young et Michel Zabé

ICONOGRAPHIE

h=haut, b=bas, g=gauche, d=droite, c=centre
Alison Anholt White 16c; Ardea London Ltd : Francois Gohier 12bg; M. Watson 39bg; Associated Press Ap 37hg, 41hg, 41b; SLF Jennings 30-31; Topham 48hd; Bridgeman Art Library, London / New York : Thor's fight with the Giants, 1872 by Winge, Marten Eskil 1825-96, Musée national, Stockholm, Suède; Platon et Aristote, détail de l'école d'Athènes, 1510-1511 (fresque), Musée et galeries du Vatican 8bc; British Museum, Londres 9ch, 9cd; Bruce Coleman Ltd : Jules Cowan 53hd; Jeff Foott 4b, 16-17; Johnny Johnson 51bc; Allan G. Potts 54-55b; Corbis UK Ltd 39d, 39d; Bettmann 10cd, 24cdb, 40cg, 43c; Lowell Georgia 6hd, 38hg; David Muench 52cg; Galen Rowell 39cd; Sylvia Cordaiy Photo Library Ltd : Nigel Rolstone 24-25b; Ecoscene : Nick Hawkes 38bg; Images environnementales : John Arnold 45cd; E.T. (archives) : Bibliothèque Guildhall 52cd; Mary Evans Picture Library 24bc, 28cg; Musées de Glasgow, Collection Burrell 42hg; archives Ronald Grant : WB & Universal 22-23cg; Robert Harding Picture Library 13cg, 13b, 34-35h; Jon Gardley 45hd; Dr. A.C. Waltham 34-35b; Hulton Getty : Fox 34cd; Tony Waltham 41hd; photos de G. Williams 36hd; Keystone 32cg; peinture de Stephen Pearce, gravure de John Scott 16hg; Bibliothèque Hutchison 33d; ICRC : Clive Shirley 49bg; INAH : Musée mexicain, Michael Zabe 9bg; Kristen Klaver 47cgb, 47bl; FLPA, images de nature 30-31ch; J.C. Allen 26bg; D. Hoadley 22-23c; H. Hoflinger 20cd; NRC 27cg; R. Jennings 56c; S. Jonasson 15bd; Magnum : Bruce Davidson 17ch; Steve McCurry 40bg; Gene Moore 26-27, 27hg, 27cd; NASA 4hd, 4c, 6cg, 4cg, 28-29, 47bd, 58hd, 58-59c, 58b, 59c, 59bg, 59bd, 59h, 6bc, 18cg; Musée maritime national, Londres 10cd; Courtesy of the National Science Foundation 45hg, 45cgh; NHPA : A.N.T. 21cd; NOAA : Dennis J. Sigrist, Centre international d'informations sur les tsunamis, Honolulu, Hawaii 34bg; Novosti : A. Varfolomeyer 26hd. Oxford Scientific Films : Daniel J. Cox 44cg; Warren Faidley 6bg, 19bd, 25h, 28hg; Michael Fogden 42c; Richard Henman 54bg; Mantis Wildlife Films 51cd; Colin Monteath, Hegehog House 32b; Ian West 22-23cgb; Stan Osolinksi 56cg; Stouffer Enterprises Inc./Animals 14b; Panos Pictures : Trygue Bolstad 43hg; Heidi Bradner 13hd; Jerry Callow 8cg; Neil Cooper 43cb; Jeremy Hartley 42hd, 58cg; Sim Holmes 4hc, 28bg; Zed Nelson 28hd; Clive Shirley 54c, 55bc; © Tatlow 55hd; PA News Photo Library : EPA/Pool 16hd; Pitt Rivers Museum, Oxford 9cdh; Planet Earth Pictures : Georgette Douwma 55hg; Jiri Lochman 55cd; John E. Purchase 56bg; Rex Features 16cg, 31hd, 40br, 41cg, 48bg; Jean-Yves Desfoux 36cg; Sipa Press 20-21; Courtesy Of The Rosenberg Library, Galveston, Texas 30bg; Royal British Columbia Museum 52bl; Scala : Museo della Scienza Firenze 4hg, 6bd, 10bd, 10l, 11bg; S. Maria Novella (pharmacie) Florence 11c; Science Photo Library : Eric Bernard, Jerrican 36bg; Jean-Loup Charmet 24c; Jim Goodwin 48cg; Ben Johnson 34cg; Damien Lovegrove 56cdb; Pete Menzel 24cg; NASA 25bc; NASA GSFC 54hd; Claude Nuridsany et Marie Perennesu 5hg, 36cd; David Parker 46bg, 47hd, 53cg; Pekka Parviainen 57cgb; Fred K. Smith 5bc, 18hd; Still Pictures : Adrian Arbib 49bd; Nigel Dickenson 48bd; Filho-UNEP 55c; G. Grifiths/ Christian Aid 54cgb; Olivier Langrand 50cb; Andre Maslennikor 42bc; Gil Moti 32cd; Hartmut Schwarzbach 42bd, 49hd; Hjalte Tin 49cg; UNEP. 57. Courtesy of Jeff Piotrowski/ Storm Productions Inc. USA 6cd, 20cg, 20cgb, 20bg, 22-23hd, 22-23bd; Tony Stone Images 52-53b; Vince Streano 31cdb; Stock Shot : Gary Pearl 38cb; Peter Quenault 38hd; Jess Stock 13hg, 38cg. Sygma 31cdh, 31bd; Paul/Pierre Pollin 37b; Claude Poulet 44hd; Topham Picturepoint 22-23d; Travel Ink : David Toase 34hd; Weatherstock : Warren Faidley 6hg, 7hd, 12hd, 13cd, 37hd, 46bc, 47hg, 57cg, 59cd.

Couverture : D.R. pour tous les documents utilisés et 1er plat : © Gene Moore hd ; © PhotoDisc pour le fond ; © AP bd et 4e plat : © Fred K. Smith/Science Photo Library-Cosmos.

Tout a été fait pour retrouver les propriétaires des copyrights. Nous nous excusons par avance des oublis involontaires. Nous serons heureux à l'avenir de pouvoir les réparer.

LES YEUX DE LA DÉCOUVERTE

Les quelque 85 volumes des Yeux de la Découverte forment une véritable encyclopédie. Vous y trouverez, abondamment illustrés, tous les thèmes qui vous intéressent et en découvrirez bien d'autres encore. Vous disposerez ainsi d'informations sur plus de 8 000 sujets, accompagnées de près de 35 000 photos, toutes inédites.
À vous maintenant de constituer votre bibliothèque.

MONDE ANIMAL

SQUELETTES
3-De l'os au squelette
11-Coquilles et carapaces

MAMMIFÈRES
12-Nous, les mammifères
29-Petits et grands félins
32-Les loups et les chiens
36-Le monde des chevaux
41-Sauvons les éléphants
47-Mammifères marins
65-Le royaume des singes

OISEAUX
1-Le nid, l'œuf et l'oiseau
70-La vie des rapaces

INSECTES
20-Le peuple des insectes
8-De la chenille au papillon

POISSONS
17-Vie et mœurs des poissons
39-La peur des requins

REPTILES ET AMPHIBIENS
26-La terre des reptiles
43-La vie des grenouilles

NATURE

FLORE
5-Les secrets de l'arbre
15-Le mystère des plantes

TERRE
4-Roches et minéraux
28-Pierres précieuses

MILIEUX NATURELS
51-La vie des déserts
14-La vie des bords de mer
6-L'étang et la rivière
54-Au cœur des jungles
64-Au fond des océans
59-Pôle Sud, pôle Nord

PHÉNOMÈNES NATURELS
25-Le temps qu'il fera
84-Cyclones et tornades
38-La colère des volcans

PALÉONTOLOGIE
18-L'énigme des fossiles
13-Le temps des dinosaures
50-La vie avant l'Histoire

HISTOIRE

ARCHÉOLOGIE
56-Trésors de l'archéologie
72-Épaves et naufrages

PRÉHISTOIRE
7-Les premiers hommes

CIVILISATIONS ANTIQUES
23-Mémoire de l'Égypte
42-Le roman des momies
55-Pyramides éternelles
30-Terres de la Bible
40-Lumières de la Grèce
24-Rome la conquérante

MOYEN ÂGE ET RENAISSANCE
44-Le temps des chevaliers
52-Le temps des châteaux forts
49-Les hommes du Nord (les Vikings)
66-Vivre au Moyen Âge
78-Trésors de la Renaissance

LES YEUX DE LA DÉCOUVERTE

Les titres de cette collection encyclopédique se répartissent entre sept séries principales : monde animal, nature, histoire, techniques, religions & croyances, arts, culture & sports et monde d'aujourd'hui.

Afrique
63-Terres et peuples d'Afrique

Amérique
46-Les peuples du Soleil
60-Sur la piste des Indiens
18-Cow-boys et gardians

Asie
53-La Chine des empereurs
74-Histoire de la Russie

Monde en guerre
2-Armes et armures
62-Les batailles de l'histoire

Histoire navale
31-Le temps des découvertes
58-Corsaires et pirates
82-La tragédie du « Titanic »

RELIGIONS ET CROYANCES

79-Dieux, mythes et héros
69-Les religions du monde
71-Sorcellerie et magie

TECHNIQUES

Technologies
27-Inventeurs et inventions
57-Les maisons des hommes
67-La vie de la ferme
68-Histoires d'espions
70-Crimes et enquêtes
80-Médias et communication
77-Le monde de demain

Moyens de transport
22-Un moteur et quatre roues
61-L'aventure automobile
37-La légende des trains
21-La conquête du ciel
35-L'aventure sur les mers
73-La conquête de l'espace

ARTS, CULTURE ET SPORTS

10-Des sports et des jeux
83-La passion du football
81-Les jeux Olympiques
76-Le monde de la danse
9-Instruments de musique
34-Les yeux du cinéma
45-L'écriture et le livre
33-Le costume et la mode

MONDE D'AUJOURD'HUI

16-Drapeaux et pavillons
19-Les monnaies du monde